Aufklärungs- und
Beratungspflichten
der Kreditinstitute –
Der moderne Schuldturm?

Bankrechtstag 1992

BrV 3

Schriftenreihe der Bankrechtlichen Vereinigung

herausgegeben von

Walther Hadding, Mainz
Klaus J. Hopt, München
Herbert Schimansky, Karlsruhe

Band 3

Walter de Gruyter · Berlin · New York

Aufklärungs- und Beratungspflichten der Kreditinstitute – Der moderne Schuldturm?

Bankrechtstag 1992

1993

Walter de Gruyter · Berlin · New York

⊚ Gedruckt auf säurefreiem Papier, das die US-ANSI-Norm über Haltbarkeit erfüllt.

Die Deutsche Bibliothek – CIP-Einheitsaufnahme

Aufklärungs- und Beratungspflichten der Kreditinstitute – Der moderne Schuldturm? / Bankrechtstag 1992. – Berlin ; New York : de Gruyter, 1993
(Schriftenreihe der Bankrechtlichen Vereinigung ; Bd. 3)
ISBN 3-11-014100-0
NE: Bankrechtstag <1992, Bonn–Godesberg>; Bankrechtliche Vereinigung: Schriftenreihe der Bankrechtlichen …

Printed in Germany
Datenkonvertierung/Satz: Frohberg GmbH, Freigericht
Druck: Druckerei Gerike, Berlin
Buchbinderische Verarbeitung: Mikolai, Berlin

Inhaltsverzeichnis

Anhang

Vorwort

Die Bankrechtliche Vereinigung – Wissenschaftliche Gesellschaft für Bankrecht e.V. wurde im Herbst 1989 als gemeinnütziger Verein mit Sitz in Frankfurt am Main gegründet. Sie hat mittlerweile über 500 Mitglieder. Sie fördert die wissenschaftliche Behandlung aller das Bankrecht betreffenden Fragen und verfolgt nach der Satzung dieses Ziel dadurch, daß sie im Rahmen von Vortragsveranstaltungen und in sonstiger Weise einen Gedankenaustausch über nationale und internationale bankrechtliche Fragen ermöglicht und auf diese Weise bankrechtliche Veröffentlichungen fördert. Vorstand und Kuratorium der Bankrechtlichen Vereinigung spiegeln in ihrer Zusammensetzung die drei Gruppierungen wider, die den Anstoß zur Gründung gegeben haben und seither die Vereinigung tragen, nämlich Wissenschaft, Richter- und Anwaltschaft und Bankpraxis.

Nach dem Bankrechtstag 1990 in Frankfurt und einer Spezialveranstaltung zum neuen Verbraucherkreditgesetz 1991 ebenfalls in Frankfurt (beides in Buchform erschienen: *Hadding/Hopt,* (Hrsg.), Verbraucherkreditrecht, AGB-Gesetz und Kreditwirtschaft, Bankrechtstag 1990, Frankfurt 1991, und *dieselben*, Das neue Verbraucherkreditgesetz, Erste Erfahrungen und Probleme, Frankfurt 1991) legt die Bankrechtliche Vereinigung hiermit die Ergebnisse des Bankrechtstages 1992 in Bonn-Bad Godesberg vor. Er stand unter dem doppelten Motto, dem auch die beiden Abteilungen gewidmet waren: „Aufklärungs-, Warn- und Beratungspflichten der Kreditinstitute“ und „Der moderne Schuldturm?“

Mit dem ersten Thema ging die Bankrechtliche Vereinigung an einen Problemkreis, der heute in der höchstrichterlichen Rechtsprechung allenthalben erscheint und trotz der Überfülle von Urteilen weder dogmatisch noch in den praktischen Ergebnissen gesichert ist. Dogmatisch ist insbesondere fraglich, welche Haftungsgrundlagen – einzel- oder rahmenvertragliche, quasivertragliche oder deliktische – eingreifen, welche Verhaltenspflichten die Kreditinstitute treffen und wie weit die Haftung für deren Verletzung konkret reicht. Dabei geht es um so ungeklärte haftungsübergreifende Probleme wie Transparenzgebot, Geheimnisschutz, Interessenkonflikte, Insiderrecht und chinesische Mauern. Praktisch führt die Bejahung einer Aufklärungspflichtverletzung häufig dazu, daß bestimmte Transaktionen nicht nur mit Schadensersatz belastet, sondern sogar rückgängig gemacht werden müssen, ohne daß im vorhinein für Bank und Kunden eine hinreichende Rechtssicherheit gewährleistet ist.

Das zweite Thema steht angesichts der bevorstehenden Insolvenzrechtsreform mehr im Banne gesetzgeberischer Reformpläne, doch ist auch die Rechtsprechung gefordert. Mit dem Problem des modernen Schuldturms sind Fälle gemeint, in denen jemand durch Ungeschick oder Unglück in Schulden gerät, die auf absehbare Zeit sein Leistungsvermögen übersteigen und die durch Zins- und Zinseszinseffekte trotz aller Tilgungsbemühungen womöglich sogar weiter ansteigen. Die Rechtsprechung hat dazu in verschiedenen, teilweise spektakulären Urteilen unterschiedliche Antworten gegeben, was in der Wissenschaft und in einer breiteren Öffentlichkeit zu intensiven Diskussionen geführt hat.

Beide Themen erschienen als in vielfältiger Weise verbunden. Nicht nur sind Aufklärungs-, Warn- und Beratungspflichten für die Rechtsprechung ein wichtiges Mittel auch zum Schutz wirtschaftlich und in ihrer Einsicht überforderter Personenkreise. Vielmehr geht es grundsätzlicher um die Frage, inwieweit heute bei den zahlreichen Kredit-, Bank- und Finanzgeschäften der einzelne mit seiner Vertragsfreiheit noch wirklich zurecht kommt, wenn er nicht Schutz durch die Gerichte und den Gesetzgeber erhält.

Diese und andere Fragen können nur von Wissenschaft und Praxis gemeinsam beantwortet werden, wie die Referate und Statements der Hochschullehrer (*Hopt* und *Medicus,* München, *Bülow,* Trier) und der Praktiker aus Bankenwelt *(Rümker,* Düsseldorf), aus der Gesetzgebung *(Landfermann,* Bonn) und aus der Richter- und Anwaltschaft *(Schimansky, Messer* und *Raeschke-Kessler,* Karlsruhe) zeigten.

Die Bankrechtliche Vereinigung beginnt mit diesem ihrem dritten Band eine Schriftenreihe beim Verlag Walter de Gruyter & Co., Berlin, New York, die nunmehr außer den zweijährlichen Bankrechtstagen und den dazwischen liegenden Sonderveranstaltungen zu aktuellen Themen auch sonstigen Monographien aus Wissenschaft und Praxis offenstehen soll. Die Schriftenreihe bietet Gelegenheit zum Dialog zwischen den verschiedenen mit Bankrecht befaßten Berufsgruppen und soll dabei vor allem das Zusammenwirken zwischen Wissenschaft und Praxis fördern. Ein besonderes Augenmerk gilt dabei auch den europäischen und internationalen Entwicklungen.

Die vorliegenden Beiträge sind im Lichte der anregenden Diskussion auf dem Bankrechtstag in Bonn-Bad Godesberg und der zwischenzeitlichen Entwicklungen überarbeitet und für den Druck teilweise erheblich erweitert worden. Über den Verlauf des Bankrechtstags 1992 geben die Besprechungsaufsätze von *Hammen* und *Leinweber* in WM 1992,

1725 und von *Hunecke* und *Scharrenberg* in ZBB 1992, 231 ausführliche Informationen. Herrn wiss. Ass. *Harald Brass*, München, danken wir für die Vorbereitung und Überwachung der Drucklegung.

Mainz, München, Karlsruhe, im Februar 1993 — *Hadding, Hopt, Schimansky*

Funktion, Dogmatik und Reichweite der Aufklärungs-, Warn- und Beratungspflichten der Kreditinstitute*

Professor *Dr. Dr. Klaus J. Hopt,*
Universität München

Inhaltsübersicht

---

* Herrn Professor *Dr. Gernhuber* zum 70. Geburtstag gewidmet (FS Gernhuber, Tübingen 1993).

Einleitung: Bedeutung und Abgrenzung der Aufklärungs-, Warn- und Beratungspflichten der Kreditinstitute

„Wer einem anderen einen Rat oder eine Empfehlung erteilt, ist, unbeschadet der sich aus einem Vertragsverhältnis oder einer unerlaubten Handlung ergebenden Verantwortlichkeit, zum Ersatze des aus der Befolgung des Rates oder der Empfehlung entstehenden Schadens nicht verpflichtet." §676 BGB, in dem dieser ursprüngliche Ausgangspunkt des BGB[1] niedergelegt ist, spielt heute jedoch praktisch keine Rolle mehr. Vielmehr finden sich zuhauf Urteile, die in den verschiedensten Kontexten Aufklärungspflichten annehmen, – besonders im Bankvertragsrecht[2]. Die formelhafte Wendung der Literatur[3], es gebe keine allgemeine Aufklärungs- und Beratungspflicht und solche Pflichten müßten die Ausnahme bleiben, ist zwar richtig, aber für den Rechtsanwender belanglos. Der Satz, Ausnahmen seien eng und ohne Analogie anzuwen-

1 Zum historischen Befund ausführlich die Hannoveraner Habilitationsschrift von *Jost,* Vertragslose Auskunfts- und Beratungshaftung, Baden-Baden 1991, S. 13–40.

2 Zusammenstellung der Rechtsprechung z.B. bei *Baumbach/Duden/Hopt,* Komm. z. HGB, 28. Aufl., München 1989, (7) Bankgeschäfte I 6; *Canaris,* Bankvertragsrecht, 3. Aufl., Berlin 1988, Rdn.10ff; *von Heymann,* Bankenhaftung bei Immobilienanlagen, 6. Aufl., Frankfurt (WM) 1992, S.35ff; *Hopt,* Aktuelle Rechtsfragen der Haftung für Anlage- und Vermögensberatung, 2. Aufl., Köln (RWS) 1985; *Vortmann,* Aufklärungs- und Beratungs- und sonstige Warnpflichten der Banken, Köln (RWS-Skript) 1991. Allgemeiner die Kommentare zu § 676 BGB, § 242 BGB und § 347 HGB, unter letzteren z.B. *Heymann/Horn,* Komm. z. HGB, Berlin 1990, § 347 Rdn. 45ff.

3 *Canaris,* Bankvertragsrecht, aaO (Fn. 2), Rdn. 103; *Rümker,* Aufklärungs- und Beratungspflichten der Kreditinstitute aus der Sicht der Praxis, in diesem Band S. 29 (31).

den, ist so heute überholt. Ob jemand aufzuklären hat oder nicht, ist eine Frage komplexer teleologischer Arbeit geworden.

Die Themenformulierung „Aufklärungs-, Warn- und Beratungspflichten" legt nahe, daß diese Pflichten eng zusammenhängen. Tatsächlich gehen sie ineinander über. Die bei der Warnung implizierte Gefahr besteht auch bei der Aufklärung etwa über Vor- und Nachteile eines Bankgeschäfts, sonst hätte eine Aufklärungspflicht keinen Sinn, und die Warnung enthält zugleich ein Element des Beratens, nämlich eine bestimme Gefahr zu vermeiden. Um Rat muß zwar grundsätzlich gebeten werden, aber wer die Dienste bestimmter Berufsträger in Anspruch nimmt, darf erwarten, daß etwa die Bank je nach den Umständen von sich aus aktiv wird. Rechtlich sind solche Differenzierungen also wenig fruchtbar, und die Rechtsprechung nimmt heute Aufklärungs-, Warn- und Beratungspflichten pragmatisch je nach den Umständen an und stützt diese dann vielfach miteinander austauschbar auf (Auskunfts- oder anderen) Vertrag, Geschäftsverbindung, culpa in contrahendo oder unerlaubte Handlung.

Die Auskunftspflichten, bei denen es um Tatsachenmitteilung auf Anfrage geht – so insbesondere bei der Bankauskunft –, werden im folgenden ausgeklammert. Rat und Auskunft, aber auch Zeugnis und Testat stehen zwar rechtlich im wesentlichen gleich.[4] Vor allem die beiden letzteren werfen aber doch zusätzliche besonders gelagerte Probleme auf, namentlich zur Haftung gegenüber Dritten,[5] die hier nicht behandelt werden können.

---

4 *Canaris,* Bankvertragsrecht, aaO (Fn. 2), Rdn. 100 f; *Baumbach/Duden/Hopt,* aaO (Fn. 2), § 347 Anm 3 A.

5 Zu den verschiedenen Konstruktionsversuchen *Schulze,* JuS 1983, 81; *Grunewald,* AcP 187 (1987) 285; Lang, WM 1988, 1001 und WPg 1989, 57; *Baumbach/Duden/Hopt,* aaO (Fn. 2), § 347 Anm 3 D. – Das Problem wird besonders für die Wirtschaftsprüferhaftung akut, dazu einerseits *Hopt,* WPg 1986, 461 u. 498, *Lang,* WM 1988, 1001, *ders.,* WPg 1989, 57; andererseits restriktiver *Ebke/Scheel,* WM 1991, 389, *H.-P. Müller,* Grenzen und Begrenzbarkeit der vertragsrechtlichen Dritthaftung für Prüfungsergebnisse des Abschlußprüfers, FS Forster, Düsseldorf (IdW) 1992, S. 452.

I. Juristische und ökonomische Funktionen von Aufklärungspflichten der Kreditinstitute

1. Juristische Funktionen

Vor der Suche nach Haftungsgrundlagen und Haftungstatbeständen für Aufklärung durch Kreditinstitute ist ein Blick auf die verschiedenen juristischen und ökonomischen Funktionen solcher Aufklärungspflichten sinnvoll. Er macht bewußt, was man dogmatisch sich zu tun anschickt.

Die nächstliegende Funktion der Aufklärungspflichten von Kreditinstituten geht dahin, individuell entstandene *Schäden auszugleichen*. Die Aufklärungspflicht wird vom Schaden – im Bankbereich nahezu ausschließlich vom Vermögensschaden – her verstanden und kreiert. Die Durchsetzung der Aufklärung als solcher tritt zurück, wenn nicht überhaupt ein Erfüllungsanspruch verneint wird.

Damit hängt die wichtige institutionelle Funktion zusammen, daß mit der Bejahung von Aufklärungspflichten bestimmte Berufsmittler, hier die Kreditinstitute, zur Einhaltung eines *Mindeststandards ordentlicher Berufsausübung* angehalten werden. Ob im konkreten Fall ein Schaden eintritt oder auch nur droht, ist dann nicht entscheidend. In den Vordergrund treten vielmehr die Verteilung von Informations- und Informationsbeschaffungsrisiken am Markt, Unternehmensverhaltenspflichten[6] etwa dahin, in der Bank entsprechende Strukturen zu schaffen und den Informationsfluß zum Kunden zu organisieren, und die Durchsetzung solcher Strukturen und Organisationspflichten durch die Bankaufsicht.

In der Rechtsprechung etwa zum Teilzahlungs- und Verbraucherkredit haben Aufklärungspflichten gelegentlich die ganz andere Funktion, mittels der Naturalrestitution nach § 249 BGB eine flexiblere *richterliche Korrektur der Vertragseingehung* zu ermöglichen, als das in Anwendung der allgemeinen Anfechtungs- und Nichtigkeitsgründe in Verbindung mit dem Einwendungsdurchgriff möglich wäre. Dieser Einsatz von Aufklärungspflichten ist oft als neben dem Einwendungsdurchgriff überflüssig und dogmatisch verfehlt kritisiert worden[7]. Diese Kritik ist im Grundsatz berechtigt, doch muß man sehen, daß sich die so eingesetzte

---

6 Zu dieser wirtschaftsrechtlichen Kategorie *Hopt*, Der Kapitalanlegerschutz im Recht der Banken, München 1975, § 9.

7 Statt vieler z.B. *Breidenbach*, Die Voraussetzungen von Informationspflichten beim Vertragsschluß, München 1989, S. 14ff. Allgemeiner zu den Aufklärungs- und Informationspflichten beim Verbraucherdarlehen *Westermann*, ZHR 153 (1989) 123 (129ff), *Brandner*, ZHR 153 (1989) 147 (149ff).

Aufklärungspflicht und der Einwendungsdurchgriff in Voraussetzungen und Rechtsfolgen nur teilweise decken[8]. Vor allem aber hat der Gesetzgeber in einer ganzen Reihe von kunden- und verbraucherschützenden Gesetzen – z.B. §1 b Abs. 2 AbzG a.F., jetzt §4 VerbrKrG; §2 HTWG, §§1, 5, 7 VerkaufsprospektG und allgemeiner §2 AGBG – eben diese auf die Unwirksamkeit des Vertrags abzielende Funktion von Aufklärung ganz bewußt eingesetzt.

2. Ökonomische Funktionen

Vor einem wesentlich auch praktisch interessierten Forum wie dem Bankrechtstag ist auf die ökonomische Analyse der Aufklärungs- und Informationspflichten[9] nicht näher einzugehen, auch wenn dem Wirtschaftsrechtler und Rechtsvergleicher manche deutsche Berührungsängste nicht recht verständlich sind. Einige wenige Hinweise müssen also genügen. Die beiden im Vordergrund stehenden Funktionen sind Schadensprävention und Schadensverteilung.

Schäden aus unzureichender Information können mit dem geringsten Aufwand von dem vermieden werden, der als Berufsangehöriger in erster Linie imstande ist, die Schadens*ursache* durch Beachtung entsprechender Berufsstandards – hier zweckentsprechender Organisation seines Betriebs und angemessener Information des Kunden – zu *beseitigen*. Damit werden Transaktionskosten im Verkehr gesenkt und die Markt- und Allokationseffizienz, z.B. für Risikokapital am Kapitalmarkt in den Prospekthaftungsfällen, erhöht.

Ähnliches gilt bei der Schadens*verteilung*. Statt die Schadenstragung bei dem einzelnen zu belassen, den es zufällig trifft und vielleicht zerstört, kann es ökonomisch sinnvoller sein, durch Annahme von beruflichen Informations- und ähnlichen Verhaltenspflichten das Risiko auf viele zu verteilen, entweder durch Kostenüberwälzung mittels Preisgestaltung oder durch Berufsversicherung.

---

8 *Baumbach/Duden/Hopt*, aaO (Fn. 2), (7) Bankgeschäfte V 2 D, E.

9 Dazu *Schäfer/Ott*, Lehrbuch der ökonomischen Analyse des Zivilrechts, Berlin 1986, S.327ff; *Assmann*, Prospekthaftung, Köln 1985, S.276ff; *Adams*, AcP 186 (1986) 453; kurz auch *Leenen*, Die Funktionsbedingungen von Verkehrssystemen in der Dogmatik des Privatrechts, in: *Behrends* u.a. (Hrsg.), Rechtsdogmatik und praktische Vernunft, Symposion für Wieacker, Göttingen 1990, S.108 (115ff); spezieller Lehmann, Vertragsanbahnung durch Werbung, München 1981.

Beides hat aber ökonomisch auch klare *Grenzen*. So wäre es kontraproduktiv, durch die Auferlegung zu weit gehender Informationspflichten das Kreditinstitut zu zwingen, über die von ihm gewählte (und im konkreten Fall durchgehaltene) Rolle am Markt hinauszugehen und dadurch Spezialisierungsvorteile wieder zunichte zu machen.[10] Auch allgemeiner haben die Belastung eines Berufsstands mit Informationspflichten und die Schadensverteilung über eine Berufsversicherung einen Preis, der um so höher ausfällt, als die einzelnen sich sorglos auf eine Fürsorge der Kreditinstitute verlassen zu dürfen glauben. Je nach Kundenkreis mag es dann ökonomisch richtiger sein, das Schadensrisiko bei diesem zu belassen oder ihn auf die Heranziehung eigener spezialisierter Berater zu verweisen.

Der zumindest mittelbare Einfluß solcher ökonomischer Gedankengänge bei den Rechtssetzern – zu den Aufklärungspflichten ist das im wesentlichen die Rechtsprechung, insbesondere der Bundesgerichtshof – läßt sich verschiedentlich nachweisen, so z.B. bei der Argumentation mit der Rollenwahl und Rollenüberschreitung durch Kreditinstitute[11] oder allgemeiner bei der Zuweisung der Risiko- und Verantwortungsbereiche bei steuerbegünstigten Anlagen[12]. Andererseits ist klar zu sehen, daß ökonomische Funktionsüberlegungen dem Rechtssetzer und -anwender nicht die richtige rechtliche Grenzziehung, zumal eine solche im Einzelfall, abnehmen. So ist beispielsweise die Frage, wieviel an „Grundwissen" und Eigeninitiative von einem Verbraucher oder anderen Bankkunden rechtlich verlangt werden soll, eine letztlich nur rechtlich zu beantwortende Wertungsfrage.

II. Haftungsgrundlage und Haftungstatbestand

1. Verantwortlichkeit aus Vertrag oder Gesetz

a) Haftungsgrundlage für unrichtige oder mangelnde Information ist nach der Rechtsprechung wohl am häufigsten ein *Vertrag*. In vielen Fällen gerade im Bankensektor liegt ein konkretes *Einzelgeschäft*, etwa ein Girovertrag oder ein Kommissionsvertrag, oder, wenn man die Figur

---

10 *Hopt*, Haftung der Banken bei der Finanzierung von Publikumsgesellschaften und Bauherrenmodellen, FS Stimpel, Berlin 1985, S.265 (274 f, 292 f).

11 BGH NJW 1988, 1583 (1584); WM 1990, 920 (921); 1991, 85; 1992, 216 (217); 1992, 901 (904).

12 BGH WM 1980, 1446 (1448); WM 1985, 221 u.a.

eines *Bankvertrags* anerkennt, ein solcher bereits vor, sodaß sich Aufklärung und Beratung unschwer als (Neben-)Pflicht aus diesem darstellen lassen. Schon dabei wird ein Doppeltes erkennbar, nämlich daß die Beschränkung der Fragestellung auf Informationspflichten „beim Vertragsschluß"[13] – schon für die Informationsproblematik und erst recht für den Anlegerschutz – zu eng ist und daß die Haftungsgrundlage in der Regel nicht das eigentliche Problem darstellt.

In anderen Fällen behilft man sich gelegentlich mit der Annahme eines eigenen, auch konkludent möglichen *Auskunftsvertrags*.[14] Die dazu angegebenen drei Hauptkriterien stammen schon vom Reichsgericht: besondere, namentlich berufliche Sachkunde des in Anspruch Genommenen, erkennbar wesentliche Bedeutung der Auskunft für den Kunden z.B. als Grundlage einer beabsichtigten Vermögensdisposition und eigenes wirtschaftliches Interesse des Auskunftgebers. Die Fiktivität eines solchen Auskunftsvertrags[15] ist oft herausgestellt worden und auch der Rechtsprechung bewußt. Von den drei Kriterien trägt letztlich nur das erste der Sachkunde (und zwar ganz vorrangig der beruflichen Sachkunde), und dies bei der Begründung der Haftung ebenso wie bei ihrem Umfang. Das zweite Kriterium ist nichtssagend, da Aufklärungspflichten ohne Entscheidungsrelevanz für den Aufzuklärenden, etwa den Bankkunden, kaum vorstellbar sind. Das dritte ist in dem spezielleren Zusammenhang der Eigenhaftung von Organen, z.B. des GmbH-Geschäftführers, und anderer Vertreter zuletzt von Medicus in der Festschrift für Steindorff einer treffenden Kritik unterzogen worden,[16] die hierher übertragen werden kann.

Es verbleiben die Fälle eines *echten Beratungsvertrags*[17]. Sie finden sich meist, aber nicht notwendig nur bei einer Dauerberatung und kommen gerade im Kreditgewerbe heute immer häufiger vor. Die Beratung wird hier meist ausdrücklich abgesteckt, und sie wird besonders vergü-

---

13 So etwa *Breidenbach*, aaO (Fn. 7).

14 Z.B. BGH WM 1990, 1990 (1991); darauf verweist auch BGH WM 1992, 133 (134).

15 Z.B. *Hopt*, AcP 183 (1983) 608 (617ff).

16 *Medicus*, Zur Eigenhaftung des GmbH-Geschäftsführers aus Verschulden bei Vertragsverhandlungen, FS Steindorff, Berlin 1990, S.725 (727ff); demgegenüber *Canaris*, Täterschaft und Teilnahme bei culpa in contrahendo, FS Giger, Bern 1989, S.91 (113ff), der aber ein dem typischen Eigeninteresse einer Vertragspartei gleichwertiges Interesse des Dritten verlangt.

17 *Lang*, WM-Sonderbeil. 9/88, 18: Anlageberatungsvertrag.

tet. Solche Verträge finden sich hauptsächlich im Effekten- und Vermögensanlagebereich. Die Grenzziehung zwischen Vermögensberatung und Vermögensverwaltung ist in der Vertragspraxis fließend.

b) Neben der Haftung aus Vertrag steht die aus *Gesetz*. Das Reichsgericht hat hier als Haftungsgrundlage gerade im Bankenbereich häufig die *Geschäftsverbindung*[18] zwischen Bank bzw. Sparkasse und Kunden gewählt. Die Figur der Geschäftsverbindung stand nämlich bereits zu einem Zeitpunkt zur Verfügung, als die culpa in contrahendo noch nicht etabliert war. Historisch gesehen kann sie, wenn man sehr frühe Urteile des Reichsgerichts näher betrachtet, in gewisser Hinsicht sogar als Vorläufer der culpa in contrahendo angesehen werden. Aus dem durch die Geschäftsverbindung begründeten Vertrauensverhältnis folgt die Nebenpflicht, richtig und vollständig Auskunft zu geben.

Außerhalb des Bankenbereichs, neuerdings aber auch in demselben, greift die Rechtsprechung häufiger auf *culpa in contrahendo* zurück. Das ist nicht zufällig. Die heute besonders kritischen Fälle der Eigenhaftung des Vertreters und der Dritthaftung lassen sich nämlich mit einer Haftung aus Geschäftsverbindung, auch wenn diese, wie längst geklärt, bereits für das erste Geschäft bei Beginn derselben angenommen wird, nicht mehr begründen.

Dogmatisch wird man heute die Geschäftsverbindung als rechtliche Sonderverbindung der gleichen Art wie culpa in contrahendo ansehen können. Die Geschäftsverbindung ist dann ein gesetzliches Schuldverhältnis, das vertragsähnlich begründet wird und für das §278 BGB gilt. Ihre Besonderheit (gegenüber der culpa in contrahendo) mag man darin sehen, daß das Schuldverhältnis der Partner von vornherein auf einen nicht nur einmaligen rechtsgeschäftlichen Kontakt angelegt ist. Das hat Konsequenzen für Inhalt und Reichweite der aus ihr folgenden Verhaltenspflichten.

Ebenfalls hierher gehört die Haftung aus *unerlaubter Handlung*, doch stehen bei Bankgeschäften in aller Regel vertragliche oder vertragsähnliche Haftungsgrundlagen zur Verfügung. Deshalb ist hier nur kurz auf zwei Punkte hinzuweisen. Zum einen spielt §826 BGB in der Rechtsprechung eine ganz erhebliche Rolle, die in Wissenschaft und Praxis

---

18 *Philipowski,* Die Geschäftsverbindung, Heidelberg 1963; *Müller-Graff,* Rechtliche Auswirkungen einer laufenden Geschäftsverbindung im amerikanischen und deutschen Recht, Karlsruhe 1974.

meist unterschätzt wird[19]. Das Vorsatzerfordernis ist nämlich eine weit geringere Barriere als vielfach angenommen, so z.B. bei Erteilung positiver Auskünfte, bei Unvollständigkeit von Prospekten, bei Unterlassung von Warnungen, aber auch hinsichtlich der Gefahr, daß ein Testat letztlich für Dritte bestimmt ist und an diese weitergegeben wird.[20] § 826 BGB ist aber wegen der Folgen für etwaige Freizeichnungsklauseln und der Nähe zum Betrugsvorwurf nachgerade gefährlich. Im Bankenbereich besteht dieses Risiko z.B. bei Vorliegen von Interessenkonflikten, im Zusammenhang mit Insiderwissen, bei der Ausnutzung von Wissensvorsprüngen zu Lasten des Kunden oder beim Zuschieben des gesamten Verlustrisikos an andere wie etwa in manchen Warenterminoptionsfällen.

Auch von anderer Seite könnte die Deliktshaftung Auftrieb bekommen. Das moderne Kreditgewerbe entwickelt nicht nur selbst immer neue Finanzprodukte, sondern vertreibt zunehmend auch Produkte und Dienstleistungspakete von Versicherungen und anderen Unternehmen. In der EG bestehen Pläne, nach der Regelung der (eigentlichen) Produkthaftung im Wege der Rechtsangleichung eine ähnliche Haftung im Dienstleistungsbereich zu etablieren[21]. Allerdings soll sich diese Haftung nach dem derzeitigen Stand nur auf Personen- und Sachschäden beziehen. Für den Bankenbereich geht es demgegenüber nahezu ausschließlich um Vermögensschäden. Eine verschuldensunabhängige Finanzprodukthaftung wäre auch ganz indiskutabel. Dennoch wird man diese Entwicklung in der EG sorgfältig verfolgen müssen.

---

19 Vgl. zuletzt den Paukenschlag zur Eigenhaftung des einen „räuberischen Aktionär" vertretenden Rechtsanwalts aus § 826 BGB und aus Beihilfe, BGH WM 1992, 1184.

20 Vgl. BGH NJW 1987, 1758 und dazu *Hopt*, NJW 1987, 1745. Zutreffend auch *Jost*, Vertragslose Auskunfts- und Beratungshaftung, aaO (Fn. 1), S. 76ff.

21 Vorschlag einer EG-Richtlinie über die Haftung für Dienstleistungen vom 9.11. / 20.12.1990, ABl. EG 18.1.1991, C 12/8, KOM (90) 482 endg. – SYN 308; dazu Beiträge in: *Deutsch/Taupitz* (Hrsg.), Haftung der Dienstleistungsberufe, Heidelberg 1993. *Bräutigam*, Deliktische Außenhaftung im Franchising, Diss. München, Baden-Baden (im Druck für 1993); *Heinemann*, ZIP 1991, 1193. Nicht zu verwechseln mit der Wertpapierdienstleistungsrichtlinie, geänderter Vorschlag vom 23.1.1990, ABl. EG 22.2.1990, C 42/7, zu der inzwischen (25.2.1992) ein gemeinsamer Standpunkt vorliegt.

2. Der Bankvertrag als Grundlage der Verhaltenspflichten

Unter den verschiedenen hier gemusterten Haftungsgrundlagen bleibt jedenfalls für die Aufklärungspflichten der Kreditinstitute die Wahl zwischen der Annahme eines Bankvertrags oder nur eines gesetzlichen Schuldverhältnisses als Haftungsgrundlagen. Das pro und contra dazu ist literarisch ausgetauscht[22] und hier nicht im einzelnen auszubreiten. Meines Erachtens sprechen die besseren Gründe *für* einen *Bankvertrag*, der die Geschäftsverbindung als gesetzliches Schuldverhältnis zwischen Bank und Kunden überlagert und vertraglich ausgestaltet.

Der Bankvertrag gibt die Grundlage bzw. den Rahmen für die zahlreichen, rechtlich ganz verschiedenen Bankgeschäfte im einzelnen ab. Insbesondere ermöglicht die Figur des Bankvertrags zwangloser als die des gesetzlichen Schuldverhältnisses die ganz entscheidende Annahme einer Interessenwahrungspflicht des Kreditinstituts etwa auch beim Effektenpropergeschäft, was mit dem Typ Kauf allein unvereinbar wäre. Auch ist sie mit der privatautonomen Ausgestaltung der Verhaltenspflichten durch die Parteien – etwa den Warn- und Beratungspflichten durch besondere Vereinbarung mit dem Effektenkunden – eher vereinbar; der sonst notwendige Übergang zwischen gesetzlicher und vertraglicher Verhaltenspflicht im gleichen Vertragsverhältnis erscheint mir künstlich.

Allgemeiner erleben wir heute eine Renaissance des Rahmenvertrags im Handels- und Wirtschaftsrecht, wo im nationalen und internationalen Bereich die auf längere Dauer angelegten Vertragsbeziehungen und die Festlegung bestimmter Grundsätze und Verhaltenspflichten gleich zu Anfang für die künftigen Geschäfte immer wichtiger werden[23]. Beispiele finden sich bei Verträgen mit Vertragshändlern, mit nicht nur einmalig eingeschalteten Geschäfts-, Transport- und Finanzmittlern, unter Konsorten und – wie erst neuerdings zutreffend angenommen wird – vielfach auch zwischen dem Unternehmen und seinen Zulieferern[24].

Grundlage der Aufklärungs-, Warn- und Beratungspflichten des Kreditinstituts ist also der Bankvertrag. Diese Pflichten sind Ausprägung

22 Statt aller pro *Hopt,* Kapitalanlegerschutz, aaO (Fn. 6), S. 393ff; contra *Canaris,* Bankvertragsrecht, aaO (Fn. 2), Rdn. 2ff.

23 *Weber,* Rahmenverträge als Mittel zur rechtlichen Ordnung langfristiger Geschäftsbeziehungen, ZSR NF 106 (1987) 425.

24 Dazu *Saxinger,* Zuliefererverträge im deutschen Recht – Zugleich eine Abhandlung zu den Besonderheiten langfristiger Schuldverhältnisse, Diss. München, Baden-Baden (im Druck für 1993).

der allgemeinen Interessenwahrungspflicht des Kreditinstituts. Sie sind nur im Kern gesetzliche, durch den Bankvertrag näher ausgestaltete oder ausgestaltbare Berufspflichten im Vertrauensverhältnis zwischen Kreditinstitut und Kunden.

3. Zur Berufshaftung und zur Verlagerung des Problemschwerpunkts auf die Begründung und Reichweite der Verhaltenspflichten

Dogmatisch werden Verhaltenspflichten im Verkehr heute vielfach als Berufshaftung[25] verstanden. Das gilt, soweit Rat und Auskunft beruflich erteilt werden, auch für das Kreditgewerbe. Kriterium ist dabei das selbständige berufliche Auftreten am Markt (also in der betreffenden Berufsrolle, was schon das Reichsgericht für den privaten Rat eines Bankangestellten entschieden hat)[26]. Dogmatisch braucht Berufshaftung – unter den besonderen Gegebenheiten des deutschen Rechts – kein Gegensatz zur culpa in contrahendo zu sein, sondern kann als Konkretisierung des gesetzlichen Schuldverhältnisses verstanden werden. Die Annahme einer solchen Berufshaftung erleichtert unter anderem die sachgerechte Einbeziehung der geschädigten Dritten – Kriterium dafür ist die berufliche Gewährübernahme – in den Schutzbereich der Aufklärungs-, Auskunfts- und Beratungspflichten statt fiktiver Auskunftsverträge, Vertrag mit Schutzwirkung zugunsten Dritter oder Drittschadensliquidation. Die Rechtsvergleichung lehrt allerdings, daß in manchen anderen Rechtsordnungen die Berufshaftung durchaus als eigene gesetzliche Haftungsgrundlage gilt, die teils eher vertraglich, teils dezidiert deliktisch begriffen wird. Für die hier zu behandelnden Aufklärungspflichten der Kreditinstitute tritt die Bedeutung der Berufshaftung als *Haftungsgrundlage* aber gegenüber dem Bankvertrag zurück.

So unentbehrlich die Klärung der Haftungsgrundlage ist, so deutlich ist es jedoch, daß die Haftungsgründe heute zugunsten der Haftungsstandards an Bedeutung verloren haben. Mit der Figur des Bankvertrags und noch allgemeiner derjenigen eines gesetzlichen Schuldverhältnisses

---

25 *Köndgen,* Selbstbindung ohne Vertrag, Tübingen 1981; *Hopt,* AcP 183 (1983) 608; *Zeuner,* Haftung für Gutachten und sachverständigen Rat, Karlsruher Forum, Beiheft VersR 1989, 5; zur Berufshaftung zuletzt *Jost,* aaO (Fn. 1), S.237ff und *Damm,* JZ 1991, 373. Allgemeiner zur Abwägungsaufgabe des Richters bei der Berufshaftung *Odersky,* NJW 1989, 1.

26 RGZ 111, 233 (234 f).

ist eine Haftungsgrundlage im Bankenbereich nahezu immer zur Hand. Selbst im IPR und bei der Verjährung – zwei Bereichen, für die früher die Haftungsgrundlage und ihre Zuordnung zum vertraglichen bzw. quasivertraglichen oder zum deliktischen Bereich ausschlaggebend war – rückt man heute von Deduktionen aus einer solchen Zuordnung ab. So wird z.B. die einheitliche 30-jährige Verjährung der Ansprüche aus culpa in contrahendo bestritten. Richtiger ist es, für alle Schutzpflichtverletzungen eine nur dreijährige Verjährung entsprechend §852 BGB anzunehmen.[27]

Inhalt und Umfang der Haftung bestimmen sich somit heute weitgehend unabhängig davon, welche Haftungsgrundlage gewählt wird. Kernstück des Haftungstatbestands im Zusammenhang mit geschuldeter Aufklärung wird damit die Verhaltenspflicht[28]. Der maßgebliche Grund für die Annahme und Reichweite dieser Verhaltenspflicht ist die besondere berufliche Sachkunde. Das Kreditinstitut ist kraft seiner Berufsrolle ganz anders aufklärungspflichtig als irgendein privater Vertragspartner. Umgekehrt muß dann aber die selbstgewählte berufliche Rolle etwa der Bank als bloße Kreditgeberin auch rechtlich beachtet werden mit der Folge, daß das Kreditinstitut, das sich auf diese Rolle beschränkt, nicht mit darüber hinausgehenden Aufklärungs- und Verhaltenspflichten überzogen werden kann. Die besondere berufliche Sachkunde bestimmt also beides: sie gibt manchmal überhaupt erst den Grund für die Aufklärungspflicht ab und sie bestimmt maßgeblich die Grenzen der Aufklärungspflichten.

4. Zur Prospekthaftung als Beispiel für marktbezogene Informationspflichten

Die Prospekthaftung ist ein eigenes Rechtsinstitut. Sie ist teils spezialgesetzlich geregelt, zuletzt im VerkaufsProspektG. Teils ist sie allgemeinzivilrechtlich begründet und im Wege der Rechtsfortbildung im wesentlichen durch den II. Zivilsenat des Bundesgerichtshofes etabliert worden. Daß auch bei der Ausgabe von Prospekten und der Mitwirkung von Kreditinstituten daran die Grundsätze für Aufklärungspflichtverletzung

---

27 *Canaris,* Schutzgesetze – Verkehrspflichten – Schutzpflichten, FS Larenz, München 1983, S.27 (109); *Hopt,* AcP 183 (1983) 608 (711).

28 Dazu vor allem *Wiegand,* Die Verhaltenspflichten – Ein Beitrag zur juristischen Zeitgeschichte, FS Gagnér, München 1991, S.547.

einschlägig sind, hat zuletzt wieder der XI. Zivilsenat in zwei Urteilen vom 31.3.1992 zu einem von der in Anspruch genommenen Bank finanzierten Erwerbermodell und vom 16.6.1992 zur Haftung einer im Prospekt eines Bauherrenmodells als Referenz benannten Bank einleuchtend dargetan.[29] Als Haftungsgrundlage wird von den einen die culpa in contrahendo, diese wiederum eingebettet in die Vertrauenshaftung,[30] angesehen, während andere sie berufs- und kapitalmarktrechtlich einordnen[31], was Konsequenzen für Voraussetzungen und Reichweite dieser Haftung hat. Aber auch als culpa in contrahendo verstanden, ist die Prospekthaftung ein Beispiel für den Marktbezug von Informationspflichten.

An den Prospekthaftungsfällen zeigt sich nämlich, daß bei Aufklärungspflichten die Sicht nur auf die beiden Partner des Vertrags bzw. Quasivertrags zu eng sein kann. Gewiß konkretisiert sich spätestens mit Eintritt des Schadens bei dem Opfer eines unrichtigen Prospekts der Anspruchsberechtigte der culpa in contrahendo. Aber der Kreis der Prospekthaftpflichtigen ebenso wie der Umfang der geschuldeten Aufklärung – nämlich bezogen nicht auf individuelle Adressaten, sondern auf einen typisierten Adressatenkreis[32] – bestimmt sich gerade nicht aus dieser Individualbeziehung heraus, sondern am Markt und an den dort allgemein zu schützenden Erwartungen des durchschnittlichen Anlegers. So ist dann auch die Unterscheidung der Rechtsprechung zwischen konkretem und abstraktem (Prospekt-)Vertrauen[33] oder, wie es neuerdings heißt, zwischen Prospekthaftung im engeren und weiteren Sinn, gegen Kritik der Literatur im Ergebnis zu halten.[34]

5. Die Rechtsfolgen

Im Anschluß an die Überlegung oben zu den Funktionen der Aufklärungspflichten ist hier zu bemerken, daß es vor allem um Schadensersatz wegen der mangelnden oder mangelhaften (unrichtigen bzw. unvoll-

---

29 BGH WM 1992, 901; WM 1992, 1269.

30 Vor allem *Canaris,* Bankvertragsrecht, aaO (Fn. 2), 2. Aufl. 1981, Rdn. 2277.

31 Überzeugend *Assmann,* Prospekthaftung, aaO (Fn. 9); auch *Köndgen,* Zur Theorie der Prospekthaftung, Köln 1983.

32 Dazu zuletzt *Hopt,* Die Verantwortlichkeit der Banken bei Emissionen, München 1991, S. 95 f am Beispiel des Emissionsgeschäfts.

33 BGH WM 1992, 901 (906).

34 Vertragstheoretisch ist damit über das rechtliche Zweipersonenverhältnis hinaus die marktwirtschaftliche Dimension des Vertrags angesprochen.

kommenen) Aufklärung geht, und zwar grundsätzlich nur um das *Vertrauensinteresse*. Zwar ist es richtig, daß ganz ausnahmsweise das positive Interesse geschuldet wird, doch setzt das besondere Umstände, z.B. ein garantieähnliches Versprechen voraus. Dem ist hier nicht weiter nachzugehen.

Dieser Schadensersatz kann aber nach der Rechtsprechung namentlich zum Verbraucherkredit über §249 BGB auch zur *Lösung vom Vertrag* führen. Auf die Kritik, die demgegenüber mit dem Einwendungsdurchgriff arbeiten will, ist bereits oben hingewiesen worden. Richtig an ihr ist, daß dieser Einwendungsdurchgriff, der sich, wie zuerst Canaris gezeigt hat,[35] zunehmend zu einem allgemeineren Instrument im Privatrecht entwickelt, aufklärungsunabhängig ist. Das heißt: auf das Bestehen und die Verletzung einer Aufklärungspflicht des Kreditinstituts kommt es dann gar nicht mehr an, noch können umgekehrt Aufklärung und Warnung den Einwendungsdurchgriff beseitigen.[36] Auf der anderen Seite behält der Weg der Rechtsprechung seine Funktion z.B. in Fällen, in denen das Kreditinstitut sich auf einen an sich zulässigen Einwendungsausschluß (Subsidiarität, Verlust infolge Empfangsbestätigung u.a.) nicht berufen kann, vorausgesetzt, der Kunde hätte bei entsprechender Aufklärung das Geschäft nicht abgeschlossen. Ob man im übrigen, soweit der Einwendungsdurchgriff zu den gleichen Ergebnissen führt wie die Aufklärungspflicht über §249 BGB, Spezialität des ersteren annehmen sollte, mag dahinstehen. Interessanter und wichtiger erscheinen Überlegungen zur teleologischen Eingrenzung der Rechtsfolge des Schadensersatzes etwa in Anwendung von Schutzbereichsgedanken, wie das in einem weiterführenden (allerdings doch wohl nur Sonderfälle betreffenden)[37] Urteil des XI. Zivilsenats vom 3.12.1991 geschieht.[38]

Die echten Auskunfts- und Beratungspflichten sind selbständige, *einklagbare* Nebenpflichten, wenn sie nicht sogar ausnahmsweise eine Hauptpflicht des Vertrags sind wie bei den echten Beratungsverträgen

---

35 *Canaris,* Bankvertragsrecht, aaO (Fn. 2), 2. Aufl. 1981, Rdn. 1425; für das Kreditrecht *Hopt/Mülbert,* Kreditrecht, Berlin 1989, Vorbem zu §§ 607ff, Rdn. 429ff.

36 *Baumbach/Duden/Hopt,* aaO (Fn. 2), (7) Bankgeschäfte V 2 E; offen BGHZ 83, 301 (309), NJW 1980, 782.

37 So inzwischen wohl BGH WM 1992, 1269 (1271).

38 BGH WM 1992, 133 (134) für den Fall, daß die Bank dem Anlageinteressenten Beratung und Aufklärung nur hinsichtlich eines bestimmten Einzelpunkts schuldet; demgegenüber abgrenzend (wohl den Normalfall) BGH WM 1992, 1269 (1271).

im Effekten- und Vermögensanlagegeschäft. Das leuchtet angesichts des Interesses des Bankkunden gerade an der Erteilung der Auskunft und Beratung ohne weiteres ein. Aufklärungs- und Warnpflichten sind grundsätzlich unselbständige Nebenpflichten, die ohne Eigenzweck nur die Hauptpflicht sichern und deshalb nicht einklagbar sind. Nach moderner Ansicht gilt das aber nur, wenn nicht ausnahmsweise doch ein schutzwürdiges Interesse an der klagweisen Durchsetzung der Pflicht besteht.[39] Das ist für den Produkthaftungsbereich vorstellbar, wenn mögliche Produktgefahren das Integritätsinteresse tangieren,[40] kann aber auch im Bankwesen etwa für Fälle wichtig werden, in denen nach der Rechtsprechung bestehende Interessenkonflikte offenzulegen sind.

Weitere Rechtsfolgen sind – je nach Geschäft, Dauerschuldcharakter und Relevanz der Pflichtverletzung – Rücktritt oder Kündigung, etwa Auflösung der einzelnen Geschäftsverbindung oder der gesamten Bankverbindung. Hinzu kommen öffentlich-, insbesondere bankaufsichtsrechtliche Sanktionen.

III. Haftungsübergreifende Probleme

Statt jetzt sofort Kriterien für die Bestimmung der Aufklärungspflichten zu entwickeln, ist zuerst auf einige haftungsübergreifende Probleme im Zusammenhang mit Aufklärungspflichten hinzuweisen. Sie beeinflussen Inhalt und Reichweite der Aufklärungspflichten, erschöpfen sich aber nicht darin, sondern stehen in anderen, größeren Regelungszusammenhängen. Angesichts dieser letzteren muß es bei einigen wenigen, kursorischen Hinweisen bleiben.

1. Transparenzgebot

Die eingangs festgestellte judizielle Ausdehnung der Aufklärungspflichten allgemein und speziell der der Kreditinstitute ist auch im Zusammenhang mit dem Transparenzgebot zu sehen. Die Rechtsprechung hat bekanntlich seit 1988 (zum ersten Mal wohl, wie Heinrichs recherchiert hat, in einem Urteil des VIII. Zivilsenats) als „tragendes Prinzip" des

39 *Stürner* JZ 1976, 384; *Motzer* JZ 1983, 884; *Palandt/Heinrichs,* Komm. z. BGB, 51. Aufl., München 1992, § 242 Rdn. 25, 37.

40 Vgl. BGHZ 64, 46 (49).

AGBG das Transparenzgebot[41] entwickelt. Dieses ist für Vertragsinhalt und Vertragsauslegung nach §§2, 3 und 5 AGBG relevant und mehr noch für §§9ff AGBG als Kontrollmaßstab der richterlichen Inhaltskontrolle.

Hier wäre es zum einen darauf zu achten, daß die für die Aufklärungspflichten geltenden Grundsätze u.a. zu deren Schranken auch bei der weiteren Entwicklung des Transparenzgebots berücksichtigt werden. Sonst sind Wertungswidersprüche zwischen beidem die Folge. Das gilt besonders, wenn man den hier nicht näher zu kommentierenden Einfluß der AGB-Inhaltskontrolle über §242 BGB allgemeiner auf Verträge bedenkt[42] und danach befürchten muß, daß eines Tages das Transparenzgebot – eine moderne Pandorabüchse – mittelbar auch dort relevant werden wird.

Zum anderen stellt sich (ähnlich wie beim Einwendungsdurchgriff) die Frage nach dem rechtlichen Verhältnis zwischen dem geltungsbeschränkenden Transparenzgebot und den Aufklärungs-, Warn- und Beratungspflichten betreffend den Inhalt von AGB, Klauselwerken und Vertragskonstruktionen, wie sie das Bankvertragsrecht in Fülle kennt. Rechtsvergleichend ist interessant zu sehen, daß das US-amerikanische Recht „disclosure“[43] sowohl als ein allgemeineres Prinzip der securities regulation als auch individualvertraglich als Aufklärungspflicht kennt, wobei – für den Kenner des amerikanischen Rechts kaum verwunderlich – das Interesse dort nicht systematischer, sondern funktionaler Art ist.

41 Z.B. *Heinrichs,* AGB-Gesetz und Kreditwirtschaft – ausgewählte Probleme der Inhaltskontrolle, in: Hadding/Hopt (Hrsg.), Verbraucherkreditrecht, AGB-Gesetz und Kreditwirtschaft (Bankrechtstag 1990), Schriftenreihe der Bankrechtlichen Vereinigung, Band 1, Frankfurt 1991, S.101ff; *Koller,* Das Transparenzgebot als Kontrollmaßstab Allgemeiner Geschäftsbedingungen, FS Steindorff, aaO (Fn. 16), S.667; *Westermann,* Das Transparenzgebot – ein neuer Oberbegriff der AGB-Inhaltskontrolle? ebenda S.817; *Hellner,* Quo vadis AGB-Recht? ebenda S.573 (582ff).

42 Dazu *Fastrich,* Richterliche Inhaltskontrolle im Privatrecht, München 1992; *Coester-Waltjen,* AcP 190 (1990) 1.

43 Dazu die Zürcher Habilitationsschrift von *Meier-Schatz,* Wirtschaftsrecht und Unternehmenspublizität, Zürich 1989.

2. Geheimnisschutz

Daß Inhalt und Reichweite von Aufklärungspflichten wechselbezüglich zu den jeweiligen Geheimhaltungspflichten sind, ist eine Binsenwahrheit. Gewiß ist hier nicht näher etwa auf das Bankgeheimnis oder das Aufsichtsratsgeheimnis oder gar allgemeiner auf den Datenschutz bei Kreditinstituten einzugehen. Zu warnen ist jedoch vor der gelegentlich anzutreffenden Behauptung, die Aufkärungspflichten der Kreditinstitute reichten nur soweit, wie das deren Geheimhaltungspflichten zuließen. Praktisch würde das schlechthin den Vorrang des Bankgeheimnisses vor etwaigen Aufklärungspflichten bedeuten. Das wäre kurzschlüssig und nachgerade falsch. Vielmehr gilt es, beides – Geheimhaltungs- und Informationsinteressen – gegeneinander abzuwägen und aufeinander abzustimmen.[44] Dabei sind Konstellationen Erblasser/Erbe, bei denen der BGH jüngst zutreffend zugunsten des letzteren entschieden hat,[45] noch verhältnismäßig einfach gelagert. Im Effekten- und Vermögensanlagebereich zeigt sich dagegen deutlich der bereits oben erwähnte Marktbezug der Information. Dann geht es nämlich gerade nicht mehr nur um die Bestimmung des Geheimnisses im Zweipersonenverhältnis zwischen Bank und Kunden, sondern auch um die berechtigten Informationsbedürfnisse Dritter, die mit dem an Geheimhaltung interessierten Bankkunden nicht in Beziehung stehen, z.B. Effektenanleger, Kreditgeber oder sonstige auf Warnung und Rat der Kreditinstitute vertrauende Drittkunden der Bank. Das leitet bereits über zu den komplexen Problemen der mehrfachen Verantwortlichkeit.

3. Interessenkonflikte

Interessenkonflikte sind für Kreditinstitute und in besonderem Maße Universalbankinstitute geradezu berufstypisch. Sie wirken sich in mehrfacher Hinsicht auch auf ihre Aufklärungspflichten aus.

a) Abzuschichten sind zunächst all die Situationen, in denen das Interesse des Kreditinstituts und das des Bankkunden kollidieren. Dazu ist trotz jüngster Einwände aus der Schweiz an dem hierzulande und auch

---

44 Z.B. BGH WM 1991, 85 (Konkursreife eines Bauträgers).

45 So z.B. für einen Interessenkonflikt zwischen Erblasser und Erben, die beide Bankkunden sind, zutreffend BGHZ 107, 107 (109); auch BGH WM 1992, 133 (134).

international etablierten *Grundsatz der Priorität des Kundeninteresses* festzuhalten[46]. Dieser Grundsatz folgt aus dem Interessenwahrungscharakter der Beziehung zwischen Bank und Kunden. Nach der hier vertretenen Auffassung ist dies vertraglich in dem die gesamte Beziehung bestimmenden Bankvertrag geregelt und gilt dann grundsätzlich auch für solche Bankgeschäfte, denen eine derartige Interessenwahrung allgemein-zivilrechtlich fremd, wenn nicht geradezu konträr ist wie beim Effektenpropergeschäft. Wer stattdessen nur mit einem gesetzlichen Schuldverhältnis arbeitet, hat es schwerer, den Interessenwahrungscharakter zu begründen. Er kann dieses Schuldverhältnis dann nämlich nicht in contrahendo bezogen auf das abzuschließende Einzel-, also hier das Propergeschäft annehmen, sondern muß es unabhängig davon als ein Schuldverhältnis gerade zwischen einem Kreditinstitut und einem Bankkunden konzipieren. Eben das tut und begründet die Theorie der Berufshaftung. Zur Vermeidung von Mißverständnissen sei – methodisch unstreitig – klargestellt, daß aus dem Grundsatz der Priorität des Kundeninteresses die Einzelabgrenzung der Aufklärungs- und Verhaltenspflichten nicht einfach deduzierbar ist. So ist z.B. die rechtliche Beurteilung des „Vorlaufens" von Anlageberatern – also Privatkäufe des Anlageberaters vor Erteilung von (auch objektiv guten) Kauftips und Verkäufe unmittelbar nach Kursanstieg – international noch nicht einheitlich. Meines Erachtens ist Vorlaufen unzulässig und neuerdings wohl auch mit der EG-Insiderrechts-Richtlinie nicht vereinbar.[47]

b) Aus dem Grundsatz der Priorität des Kundeninteresses läßt sich folgern, daß das Kreditinstitut den Kunden *über wesentliche Interessenkonflikte aufklären* muß. Das hat der Bundesgerichtshof tatsächlich in einer ganzen Reihe von Fallgruppen entschieden und kann heute als allgemeiner Grundsatz festgehalten werden. Hinzuweisen ist dazu etwa auf die Rechtsprechung zur Prospekthaftung, wonach wesentliche kapitalmäßige und personelle Verflechtungen zwischen den verschiedenen Projektpartnern, z.B. KomplementärGmbH, Generalunternehmer, Hauptmieter und vor allem Treuhänder und ihren jeweiligen Geschäfts-

---

46 Die Rechtsprechung geht dazu teilweise sehr weit. So soll ausnahmsweise sogar die Pflicht zur Aufklärung über die eigene Kreditwürdigkeit bestehen, so BGH NJW 1983, 677, u.U. auch die Pflicht zum Hinweis auf die eigene Haftung samt Verjährungsfrist, so für Anwälte und Steuerberater gegenüber Mandanten, BGHZ 83, 17 (23).

47 *Hopt*, ZGR 1992, 17 (34 f).

führern und beherrschenden Gesellschaftern, offenzulegen sind.[48] Im Kredit- und Finanzierungsgeschäft ist das Kreditinstitut, das sich auf seine Kreditgeberrolle beschränkt, grundsätzlich nicht aufklärungspflichtig, aber der Bundesgerichtshof macht davon zu Recht zwei Ausnahmen, wenn das Kreditinstitut im Hinblick auf besondere Risiken einen Wissensvorsprung vor dem Kunden hat oder wenn es sich in einem schwerwiegenden Interessenkonflikt befindet.[49] Für Wirtschaftsprüfer und Steuerberater ist in der Rechtsprechung anerkannt, daß sie die Annahme von Provisionen offenlegen müssen,[50] auch bei nur mittelbarer Begünstigung wie bei Zahlung an eine Gesellschaft, an der Steuerberater maßgeblich beteiligt ist.[51]

Was aus dem letzteren speziell für Kreditinstitute folgt, ist noch nicht ausdiskutiert, etwa für Emissionsbonifikationen[52] und für Plazierungsprovisionen. Das Bestehen irgendeines wirtschaftlichen Eigeninteresses des Kreditinstituts kann aber – wie schon eingangs mit Medicus festgehalten – nicht ausreichen. Ein neues Urteil des XI. Zivilsenats besagt dazu, daß eine Sparkasse, die hohe, mit der Darlehensvaluta abzulösende Grundpfandrechte hat, nicht schon deswegen aufklärungspflichtig ist, weil sie ein gewisses Mitspracherecht ausgeübt hat und bestrebt war, über die Veräußerung des belasteten Hausgrundstücks die Befriedigung ihrer eigenen Ansprüche zu erlangen.[53]

c) Interessenkollision oder, pointierter, *mehrfache Verantwortlichkeit entlastet nicht.*[54] Das hat der BGH in seinem Schaffgotsch-Urteil für einen Fall entschieden, in dem ein Bankier eine Aktiengesellschaft, deren Aufsichtsratsvorsitzender er war, zur Stützung seiner Bank-OHG veranlaßt hatte. Als die Bank trotzdem zusammenbrach, wurde er von der AG auf Schadensersatz in Anspruch genommen. Die Pflichterfüllung gegenüber der einen Gesellschaft – so lapidar und zutreffend das Gericht – vermag grundsätzlich nicht die Pflichtverletzung gegenüber der anderen Gesellschaft zu rechtfertigen. Notfalls muß eben das den Interessen-

48 Z.B. BGHZ 79, 337; NJW 80, 1162; 87, 1817.

49 Z.B. BGH WM 1990, 920 (922); 1991, 85 (86); 1991, 982 (984); 1992, 133; 1992, 902 u.a.

50 BGHZ 78, 263 (268).

51 BGHZ 95, 81.

52 *Koller,* BB 1978, 1733 (1738 f).

53 BGH NJW 1992, 133 (134).

54 BGH NJW 1980, 1629 (1630).

konflikt begründende Amt aufgegeben bzw. das entsprechende Geschäft abgelehnt werden.

4. Insiderrecht

Das deutsche Insiderrecht ist angesichts der bevorstehenden Transformation der EG-Insiderrechts-Richtlinie im Umbruch. Die dabei zutage tretenden Probleme für die Kreditinstitute liegen komplexer als vielfach angenommen. Die einfache Formel, Kreditinstitute sind sicher, wenn sie nur selbst keine Insidergeschäfte tätigen und keine Insiderinformationen weitergeben, ist, wie die internationale Diskussion z. B. in England zeigt, trügerisch. Das ist in der Festschrift für Heinsius ausgeführt.[55] Hier muß es genügen, drei Problemfelder zu benennen: Eigengeschäfte und Tips von Insidern, Prospektherausgabe und Anlageberatung.

Bei *Eigengeschäften* können unter den miteinander verhandelnden Parteien von Effektentransaktionen nach allgemeinen Grundsätzen Aufklärungspflichten bestehen. Das Kreditinstitut mit Insiderwissen kann sich dem nicht einfach deshalb entziehen, weil Tipgeben ein verbotenes Insidergeschäft ist. Sofern die Aufklärung im konkreten Fall nach der EG-Richtlinie verboten ist, was keineswegs immer zutrifft, darf das Kreditinstitut das Geschäft möglicherweise eben nicht abschließen („disclose or abstain"). Wie das bei Börsengeschäften aussieht, bei denen die Vertragspartner nicht unmittelbar in Kontakt kommen, ist streitig.

Bei der *Ausgabe von Prospekten* kann das mitwirkende Kreditinstitut nicht unter Berufung auf Bankgeheimnis und Insidertipverbot sein Insiderwissen „ignorieren". Vielmehr muß das Gesamtbild objektiv richtig sein.[56] Das zwingt zur Berücksichtigung (nicht Benennung) von Insiderinformationen. Ist die Einwilligung der betroffenen Gesellschaft nicht zu erlangen, muß das Kreditinstitut notfalls die Mitwirkung an der Prospektherausgabe ablehnen.

Besondere Schwierigkeiten hat ein Kreditinstitut mit Insiderwissen bei der *Anlageberatung*. Teils wird vertreten, das Kreditinstitut könne das Insiderwissen schlechthin außer Betracht lassen.[57] Nach anderen soll das Kreditinstitut umgekehrt dem Insiderwissen entsprechend beraten

---

55 *Hopt,* Insiderwissen und Interessenkonflikte im europäischen und deutschen Bankrecht, FS Heinsius, Berlin 1991, S. 289.

56 BGH NJW 1982, 2823 (2825) (BuM).

57 Z.B. *Heinsius,* ZHR 145 (1981) 177 (193).

müssen.[58] Die Wahrheit liegt wie häufig dazwischen: Das Kreditinstitut kann die Anlegerkunden nicht einfach ins Messer laufen lassen. Dogmatisch wird teilweise §131 Abs. 3 Nr. 1 AktG herangezogen, wonach in einer Aktiengesellschaft die Auskunft (insoweit nur dann) verweigert werden darf, soweit der Gesellschaft ein nicht unerheblicher Nachteil droht.[59] Teils will man jedenfalls in besonders gravierenden Fällen ein Recht und konsequent dann auch eine Pflicht des Kreditinstituts zur Nothilfe zugunsten seiner Kunden annehmen.[60] Die Rechtsprechung hatte bisher noch keine Gelegenheit, sich dazu zu äußern. Die bereits oben zitierte Formel des Bundesgerichtshofes, das Kreditinstitut sei jedenfalls dann zur Aufklärung verpflichtet, wenn es im Hinblick auf besondere Risiken des Geschäfts einen Wissensvorsprung vor dem Kunden hat,[61] scheint hier aber grundsätzlich einschlägig zu sein, soweit sich nicht aus einem künftigen gesetzlichen Insidertipverbot etwas anderes ergeben sollte.

5. Wissenszurechnung und chinesische Mauern

Das wichtige, inzwischen auch vom Bundesgerichtshof[62] aufgegriffene Problem der Wissenszurechnung innerhalb eines Unternehmens stellt sich umfassender als nur zur Aufklärung. Hier fragt sich z.B., ob das Wissen einer Bankfiliale in Norddeutschland um Kreditunwürdigkeit der Bank insgesamt zuzurechnen ist, wenn eine Filiale in Süddeutschland Auskunft erteilt oder aufklären müßte. Lösungen nur unter dem Aspekt der Aufklärungspflicht wären inkonsistent. Nur soviel sei hier gesagt: Das Wissen von Mitarbeitern ist zwar grundsätzlich der juristischen Person bzw. dem Unternehmer oder dem Kreditinstitut zuzurechnen. Es findet also eine Wissenszusammenrechnung entsprechend

---

58 *Kübler,* ZHR 145 (1981) 204 (209ff); *Assmann,* WM 1983, 138 (140ff); *Koller* in Staub, Großkomm. zum HGB, 4. Aufl., Berlin 1986, § 384 Anm. 13; *Heymann/Horn,* Komm. z. HGB, Berlin 1990, § 347 Rdn. 78; *Kohls,* Die vorvertragliche Informationshaftung nach dem Recht der BRDeutschland, der USA und Englands: am Beispiel der Lead Bank eines Kreditkonsortiums, Göttingen 1990, S.23ff.

59 *Hopt,* Kapitalanlegerschutz, aaO (Fn. 6), S.448–478.

60 *Canaris,* Bankvertragsrecht, aaO (Fn. 2), 2. Aufl. 1981, Anm. 1893f.

61 S.o. III 3 b (S. 18f); BGH WM 1992, 133 u.a.

62 BGH WM 1984, 1311; 1989, 1364 und 1368.

§§ 166, 278 BGB statt.[63] Das gilt aber nur mit mehreren Einschränkungen.

Vor allem wird, wie von *Lutter* und anderen schon vor Jahren behandelt, Wissen von Bankvertretern in Aufsichtsräten oder in Organen anderer Unternehmen nicht zugerechnet (§§ 93 Abs. 1 Satz 2, 116 AktG u.a.).[64]

Zum anderen beginnen heute auch die deutsche und schweizerische Bankpraxis die US-amerikanischen und, neueren Datums, auch britischen Erfahrungen mit chinese walls zu nutzen. Dabei geht es darum, den ungehinderten Informationsfluß zwischen verschiedenen interessenkonfliktsträchtigen Geschäftsbereichen desselben Kreditinstituts zu verhindern. Die Bedeutung solcher chinesischer Mauern ist zwar nach deutschem Recht noch ungeklärt. Aber sie können doch unter bestimmten Voraussetzungen die schlichte Wissenszurechnung verhindern und eine Rechtfertigung für Nichtoffenlegung etwa von Insiderinformationen abgeben.[65]

Schließlich stellt sich die allgemeinere Frage, ob die rechtliche Vorstellung der juristischen Person wirklich auch die Grenzen der zurechenbaren Information absteckt und es gar ein Gebot der Gerechtigkeit ist, das arbeitsteilige Unternehmen nicht gegenüber dem Alleinunternehmer zu privilegieren[66], oder ob – richtiger – umgekehrt auch hier die moderne Spezialisierung anzuerkennen ist und weniger rigide, der Realität der Großunternehmen, ihrer internen Arbeitsteilung, Divisionalisierung und Spartentrennung näher kommende Konzepte vorzugswürdig sind.[67]

---

63 BGH WM 1984, 1311; 1989, 1364 und 1368: Kenntnis oder Kennenmüssen; *Canaris*, Bankvertragsrecht, aaO (Fn. 2), Anm. 106, 800a: fiktives Verschulden genügt; *Baumbach/Duden/Hopt*, aaO (Fn. 2), (7) Bankgeschäfte I 6 A.

64 *Hopt*, Kapitalanlegerschutz, aaO (Fn. 6), S. 475; *Lutter*, RdW 1987, 314.

65 *Hopt*, aaO (Fn. 55) FS Heinsius S. 319ff.

66 So *Canaris*, Bankvertragsrecht, aaO (Fn. 2), Anm. 106.

67 So dezidiert und mit beachtlichen Gründen *Messer*, Einleitende Bemerkungen zur Diskussion (2), in diesem Band S. 73 (84f).

IV. Kriterien für die Bestimmung von Aufklärungspflichten

Inhalt und Reichweite der Aufklärungs- und Verhaltenspflichten der Kreditinstitute sind ihrer Natur nach nicht abschließend festgelegt. Sie hängen von dem jeweiligen Bankgeschäft und den Umständen ab und werden von der Rechtsprechung am Fall weiterentwickelt. Das würde dafür sprechen, einfach eine Bestandsaufnahme der Aufklärungspflichten exemplifiziert an den verschiedenen Bankgeschäften zu bieten. Indessen erscheint es möglich, allgemeinere Kriterien für die Bestimmung von Aufklärungspflichten zu geben. Das kann hier ganz kurz geschehen, weil dies an anderer Stelle ausführlich dargelegt worden ist.[68] Ob man diese Kriterien als Topoi bezeichnet oder methodisch als Anwendungsfall des Wilburg'schen beweglichen Systems ansieht[69], macht im Ergebnis keinen Unterschied.

1. Aufklärungsbedürftigkeit

Im Geschäftsverkehr muß sich grundsätzlich jeder selbst vergewissern, ob ein Vertrag für ihn von Vorteil ist. Das ist die Selbstverantwortlichkeit des privatautonomen Bürgers. Keine Aufklärungspflicht (zu unterscheiden von positiver Falschinformation) hat das Kreditsinstitut also z.B. über solche Umstände, zu denen die Bankkunden selbst über die notwendigen Kenntnisse und Erfahrungen verfügen oder in einer Marktwirtschaft verfügen müssen, wie über den angemessenen Preis[70] oder die Einschätzung einer reklamehaften Anpreisung[71]. Dieses letztere – also die Aufklärungsbedürftigkeit des Bankkunden – ist das zentrale Kriterium für die Bestimmung der Aufklärungspflicht.

Aufklärungsbedürftigkeit (andere sprechen von Informationsbedarf)[72] ist dabei ein relationales Kriterium. Vorausgesetzt wird nämlich ein – typischerweise auf beruflicher Sachkunde beruhendes – Informa-

---

68 *Hopt,* Kapitalanlegerschutz, aaO (Fn. 6), S.413ff.

69 So *Breidenbach,* aaO (Fn. 7), S.61ff und im Anschluß an ihn *Rümker,* aaO (Fn. 3), S.37f.

70 Z.B. BGH WM 1992, 901 (903).

71 BGH WM 1992, 901 (904).

72 *Breidenbach,* aaO (Fn. 7), S.62ff; *Rümker,* aaO (Fn. 3), S.38.

tionsgefälle zwischen dem Aufklärungspflichtigen und dem Aufzuklärenden. Eine Aufklärungsbedürftigkeit in abstracto anzunehmen, etwa unter zwei Laien, die beide von der Sache nichts verstehen, hätte rechtlich keinen Sinn. Eher irreführend ist es auch, bei der Aufklärungsbedürftigkeit bzw. dem Informationsbedarf weiter zu unterscheiden zwischen der objektiven Relevanz der Information für den konkreten Vertragszweck und der subjektiven Aufklärungsbedürftigkeit. Denn wie oben beispielhaft bei der Prospekthaftung gesehen, ist je nach dem rechtlichen Adressatenkreis der Information eine individuelle subjektive Aufklärungsbedürftigkeit gerade nicht erforderlich.

Umfang und Reichweite der Aufklärungspflichten der Kreditinstitute hängen also davon ab, ob und inwieweit der Bankkunde auf die Aufklärung, Warnung oder Beratung des kraft seiner beruflichen Sachkunde zur Beurteilung besser befähigten Kreditinstituts angewiesen ist. Der Bundesgerichtshof hat dazu die treffende Formulierung von der Ausnutzung des eigenen (ich ergänze: beruflichen) Wissens- und Erfahrungsvorsprungs auf Kosten unerfahrener, auf Fairness angewiesener anderer geprägt.[73] Dieser Wissens- und Erfahrungsvorsprung kann sozial bedingt sein, z.B. – so ein frühes Urteil des OLG München[74] – bei der einfachen Frau vom Lande mit geringer Bildung und bescheidenen Kenntnissen. Ein solcher Vorsprung kann aber ohne weiteres auch gegenüber einem eben nur in einer anderen Branche versierten Vollkaufmann bestehen.[75]

2. Absprache

Das Kriterium der Absprache trägt dem Umstand Rechnung, daß es der Bankkunde in der Hand hat, seine Aufklärungsbedürftigkeit dem Kreditinstitut besonders nahezubringen. Das geschieht am besten durch konkrete Fragen und besonders erbetene Beratung.[76] Offenbar ist das bei Abschluß eines echten Beratungsvertrags z.B. eines Vermögensberatungs- oder sogar Vermögensverwaltungsvertrags. Aber auch ohne einen solchen Beratungsvertrag ergeben sich Unterschiede in der Intensität der

73 BGH NJW 1982, 2816, BGHZ 72, 92.
74 OLG München OLGZ 28, 204.
75 BGH NJW 1981, 1440 für Warenterminoptionsgeschäfte.
76 Vgl. BGHZ 70, 356 (Börsendienst).

vom Kreditinstitut geschuldeten Aufklärung z. B. zwischen Effektenkauf und Depotgeschäft. Beim normalen Depotvertrag kann der Kunde nicht ohne weiteres Aufklärung darüber erwarten, daß bestimmte im Depot liegende Papiere einem Kursverfall ausgesetzt sind, die eine Umschichtung nahelegen würden.

Umgekehrt kann das Kreditinstitut durch Hinweis auf besondere Sachkunde, Erfahrungen oder Informationen seine Aufklärungspflicht steigern (Anhänger der Vertrauenshaftung würden hier von Inanspruchnahme von persönlichem Vertrauen sprechen) oder auch umgekehrt durch klare Beschränkung auf ihre Rolle etwa als Kreditgeberin[77] oder durch Kenntlichmachung, daß nur ein fremdes Finanzprodukt wie eine Lebensversicherung vertrieben wird, darüber hinausgehende Aufklärungspflichten erst gar nicht entstehen lassen. Dieses letztere ist ein Ergebnis, das sich allein aus dem Kriterium der Aufklärungsbedürftigkeit kaum ableiten ließe.

Das Kriterium der Absprache umfaßt also die rechtsgeschäftliche Absprache ebenso wie die tatsächliche Nachfrage und Artikulation der Aufklärungsbedürftigkeit im Kontext des geplanten oder getätigten Bankgeschäfts. Zur Klarstellung sei hinzugefügt, daß das Kriterium der Absprache es dem Kreditinstitut nicht ermöglicht, sich vertraglich oder tatsächlich seiner Berufsrolle und der damit verbundenen Interessenwahrungspflicht gegenüber dem Kunden zu entziehen. Auch wenn das Kreditinstitut ein Effektengeschäft als Propergeschäft durchführt, bleibt es als Kreditinstitut – nach der hier vertretenen Ansicht auf der Grundlage des Bankvertrags – Interessenwahrer des Kunden und dementsprechend aufklärungspflichtig.[78]

3. Intensität der gegenseitigen Beziehungen

Die Aufklärungspflicht des beruflichen Sachkenners reicht je nach Intensität der gegenseitigen Beziehungen unterschiedlich weit. Danach kann ein Kunde bei einer auf Dauer angelegten Beziehung grundsätzlich mehr an Beratung und Betreuung erwarten als bei einem einmaligen Kontakt, dies schon allein deshalb, weil das Kreditinstitut hier Gelegenheit hat, den Kunden und seine besonderen Bedürfnisse näher kennenzulernen (so zuerst die amerikanische suitability doctrine, die heute der

---

77 BGH WM 1992, 902 und schon oben.
78 Ausdrücklich z.B. BGH NJW 1981, 1440 (1441).

Sache nach auch hierzulande gilt) und dann auch von sich aus in dessen Interesse Initiative zu entfalten. Nicht gemeint ist damit, daß das Kreditinstitut etwa eine wichtige Anlageinformation dem Dauerkunden weitergeben, dem Einmalkunden dagegen vorenthalten darf. Auch die Beziehungen zu Dauerkunden können unterschiedlich intensiv ausgestaltet sein, etwa bei einer Vermögensberatung und -verwaltung oder bei einem gesellschafterlichen oder gesellschaftsähnlichen Verhältnis, etwa einem joint venture. Daß ein Unternehmerkunde allein deswegen von dem Kreditinstitut rechtlich mehr erwarten kann, weil es seine Hausbank ist, wird man hingegen eher verneinen.[79]

4. Schutzverzicht

Die beiden letzten Kriterien spielen eine mehr untergeordnete, korrigierende Rolle. Beispiele für Schutzverzicht sind etwa folgende Fälle: Der Käufer eines Aktienpakets tritt selbst als Aktionär und Branchenkenner auf[80], er gibt fälschlich vor, bestimmte Sachkenntnisse oder Informationen bereits zu besitzen, oder er entscheidet sich eigenverantwortlich für eine aggressive Anlagenpolitik für sein von dem Kreditinstitut zu verwaltendes Wertpapierdepot. Es ist dann nicht Sache der Bank, nachzufragen oder zu versuchen, ihn von seinem riskanten Verhalten abzubringen. Im amerikanischen Kapitalmarktrecht spricht man hier plastisch von dem „sacred right of everybody to make a fool of oneself". Dazu gehört es auch, wenn ein Bankkunde glaubt, auf eine sorgfältige und eingehende Lektüre des ihm angebotenen Informationsmaterials verzichten zu können.[81] Daß Schutzverzicht nichts mit Freizeichnung zu tun hat, braucht nicht eigens betont zu werden.

5. Betriebliche und finanzielle Tragbarkeit

Dieses letzte Kriterium der betrieblichen und finanziellen Tragbarkeit wird rechtlich nur selten angesprochen, findet sich aber bei genauerer Lektüre der Sachverhalte und zwischen den Zeilen der Urteile. Es geht

---

79 *Hopt*, Die Verantwortlichkeit der Banken bei Emissionen, aaO (Fn. 32), S. 51ff.

80 BGH WM 1980, 284 m.w.N.

81 BGH WM 1992, 901 (904).

dabei eingrenzend darum, daß den Kreditinstituten keine Aufklärungs- und andere Verhaltenspflichten zugemutet werden können, die betrieblich oder finanziell nicht darstellbar sind.[82] Das ist wichtig etwa bei den Nachforschungs- und Erkundigungspflichten. So hat der Bundesgerichtshof in seinem bekannten Börsendiensturteil zu Recht bemerkt, daß der Börsendienst, der eine bestimmte Aktie als Anlage empfehlen will, dies zwar nicht ohne professionelle Grundlage und Erkundigungen tun darf, aber dabei eben keinen unzumutbaren Zeit- und Kostenaufwand betreiben muß.[83]

Schlußbemerkungen

Zu Inhalt und Reichweite der Aufklärungspflichten der Kreditinstitute gäbe es noch manches mehr zu sagen. Aus der Sicht der Praxis – sei es der Kreditinstitute, sei es der Gerichte – wäre es etwa interessant, die verschiedenen Typen von Verhaltenspflichten und die sonstigen Tatbestandsmerkmale der Haftung wegen Verletzung der Aufklärungpflicht durch das Kreditinstitut näher zu untersuchen.

Bei den Typen von Verhaltenspflichten lassen sich unterscheiden (1) die Wahrheitspflicht, welche die Pflicht zur Vollständigkeit (das heißt zur Mitteilung aller entscheidungserheblicher Umstände) und die Pflicht zur Klarheit (das heißt zur deutlichen und dem Adressaten verständlichen Mitteilung der Information) beinhaltet, (2) die Berichtigungspflicht, (3) die Erkundigungspflicht und (4) die Organisationspflichten.

Bei den Tatbestandsmerkmalen lassen sich aus der umfangreichen Rechtsprechung zu den Aufklärungspflichten Besonderheiten in Bezug auf Verschulden, Schaden, Mitverschulden, Beweislast, Freizeichnung und Verjährung entnehmen.

Schließlich könnten die hier entwickelten Grundsätze und Kriterien an den verschiedenen Bankgeschäften – z.B. Einlagengeschäft, Girogeschäft und Zahlungsverkehr, Kreditgeschäft, Verbraucherkreditgeschäft, Diskontgeschäft, Akkreditivgeschäft, Emissionsgeschäft, Wertpapierhandel, Anlagegeschäft und Vermögensverwaltung – exemplifiziert werden.

---

82 Das ist also genau das Gegenteil der aus der Kartellrechtsdiskussion bekannten „deep pocket"-Doktrin.

83 BGHZ 70, 356 (361 f, 363) (Börsendienst).

All das ist Kommentierungsarbeit, die an anderer Stelle geleistet ist und auf die hier verwiesen werden kann.[84] Diese Arbeit hört nie auf, denn „(d)er Entwicklung und Ausbildung immer neuer Verhaltenspflichten sind praktisch keine Grenzen gesetzt."[85]

---

84 *Baumbach/Duden/Hopt,* aaO (Fn. 2), § 347 Anm. 3, 4 (zu Rat, Auskunft, Aufklärung, Zeugnis, Prospekt: Haftungsgründe, Dritthaftung, Verhaltenspflichten, Haftungsfolgen) und ebenda (7) Bankgeschäfte I 6 (Aufklärungs-, Warn- und Beratungspflichten der Kreditinstitute); auch *Canaris,* Bankvertragsrecht, aaO (Fn. 2), Rdn. 103ff.

85 *Wiegand,* Die Verhaltenspflichten – Ein Beitrag zur juristischen Zeitgeschichte, FS Gagnér, aaO (Fn. 28), S. 547 (561). Dazu etwa die jüngste Diskussion um ein gesetzliches Schriftformerfordernis bei der Anlegeraufklärung, BGHZ 105, 108 (110 f) = WM 1988, 1255, WM 1991, 667 (Penny Stocks); dazu *Drygala,* WM 1992, 1213; hier zeichnet sich die rechtsfortbildende Begründung einer Prospektausgabepflicht ab.

Aufklärungs- und Beratungspflichten der Kreditinstitute aus der Sicht der Praxis

Dr. Dietrich Rümker,
Syndikus und Generalbevollmächtigter der
Westdeutsche Landesbank Girozentrale, Düsseldorf

Inhaltsübersicht

I. Einleitung

1. Themenabgrenzung

Aufklärungs- und Beratungspflichten von Kreditinstituten werden vielfach als synonyme Begriffe verwendet[1]. Aufklärungspflicht ist die Verpflichtung, jemanden ohne besonderes Verlangen über bestimmte erkennbar entscheidungserhebliche Tatsachen und Umstände zu informieren. Die Beratung beinhaltet die Aufklärung; die Beratungspflicht verpflichtet darüber hinaus Rat zu erteilen oder eine Empfehlung bzw. eine Warnung abzugeben und damit aus den mitgeteilten Tatsachen Schlußfolgerungen, Prognosen oder Werturteile zu ziehen und diese dem Adressaten mitzuteilen.[2] Die Abgrenzung ist in der Praxis insofern fließend, als die Aufklärung nicht nur wertfreie Tatsacheninformation

1 *Roth* in: Assmann/Schütze (Hrsg.), Handbuch des Kapitalanlagerechts, München 1990, § 12 Rdn. 11; *Vortmann,* Aufklärungs- und Beratungspflichten der Banken, Köln (RWS-Skript) 1991, S.3; *Breidenbach,* Die Voraussetzungen von Informationspflichten beim Vertragsschluß, München 1989, S.4.

2 Hierzu *Canaris,* Bankvertragsrecht, 3. Aufl., I. Teil, Berlin 1988, Rdn. 101.

darstellt, sondern vielfach auch eine Beratungs- und Warnfunktion mit umfaßt.

Die vorvertraglichen Aufklärungs- und Beratungspflichten haben als Informationsschutzverpflichtung ihre gesetzliche Grundlage in §242 BGB und sind autonom vom Pflichtigen, hier der Bank, zu erfüllen, ohne daß es hierzu einer Aufforderung oder Nachfrage seitens des Kunden bedarf.[3] Diese vorvertraglichen Pflichten sind von den Auskunftspflichten zu unterscheiden, welche die Mitteilung bestimmter Tatsachen zum Gegenstand haben, von denen der Auskunftsempfänger ein künftiges Verhalten, insbesondere eine Vermögensverfügung abhängig macht[4]. Die Erfüllung von Auskunftspflichten ist selbständig einklagbar. Demgegenüber sind die Aufklärungs-, Warn- und Beratungspflichten als vertragschlußbezogene Informationspflichten nicht selbständig einklagbar; Sanktion ist lediglich Schadensersatz.[5]

Die vorvertraglichen Informationspflichten können entweder durch positives Tun, also durch eine sachlich unrichtige, unvollständige oder nicht hinreichend verständliche Information oder durch bloßes Unterlassen verletzt werden, also dadurch, daß eine an sich gebotene Information, die für den Vertragsschluß von entscheidungserheblicher Bedeutung ist, von der Bank nicht erteilt wird. Hierin liegt der Schwerpunkt vorvertraglicher Aufklärungspflichten.[6]

Ein Unterlassen begründet eine Einstandspflicht der Bank nur, soweit eine Rechtspflicht zum Handeln, hier also zur Aufklärung, bestanden hat. Eine solche Rechtspflicht ist nur zu bejahen, wenn im Einzelfall besondere qualifizierende Umstände vorliegen, da es keine allgemeine Beratungs-, Warn- oder Aufklärungspflicht der Bank gibt[7]. Im folgenden soll der Frage nach Existenz, Inhalt und Umfang der Rechtspflicht zur Aufklärung und Beratung im Bankbereich näher nachgegangen werden.

---

3 *Roth,* aaO (Fn. 1), § 12 Rdn. 4; *Breidenbach,* aaO (Fn. 1), S.2.

4 *Roth,* aaO (Fn. 1), § 12 Rdn. 11; *Vortmann,* aaO (Fn. 1), S.3; *Breidenbach,* aaO (Fn. 1), S.2; *Schwark,* ZHR 151 (1987), 325 (334) m.w.N.

5 *Roth,* Münchener Komm. z. BGB, 2. Aufl., München 1985, § 242 Rdn. 196; *ders.,* aaO (Fn. 1), § 12 Rdn. 11; *Breidenbach,* aaO (Fn. 1), S.12.

6 *Breidenbach,* aaO (Fn. 1), S.3.

7 So *Canaris,* Bankvertragsrecht, aaO (Fn. 2), Rdn. 103; *Vortmann,* aaO (Fn. 1), S.5ff; BGH WM 1981, 869; WM 1983, 1039.

2. Aufklärungspflicht, Privatautonomie und Markteffizienz

Die Basis für sämtliche Aufklärungspflichten als dem Oberbegriff für die genannten Informationsschutzpflichten ist die Tatsache, daß ein Informationsgefälle zwischen den Beteiligten existiert. Konkreter gesagt, besteht auf der Seite des Kunden ein Aufklärungsbedürfnis, um eine eigenverantwortliche Entscheidung über Abschluß und Inhalt des in Aussicht genommenen Vertrages treffen zu können. Aufklärung und Information stärken die Willensfreiheit des Adressaten;[8] sie ergänzen insoweit das Prinzip der Privatautonomie. Eine Verlagerung des wirtschaftlichen Risikos der zu treffenden Vermögensverfügung findet dabei nicht statt. Bezogen auf den Anlegerschutz – aber nicht nur für diesen allein – gilt: Auf der Basis des vom Kreditinstitut de lege artis vermittelten Informationsstandes hat der Anleger das wirtschaftliche Risiko seiner Anlageentscheidung selbst zu tragen[9]. Die Statuierung von Aufklärungspflichten hat auch eine funktionelle Bedeutung. Dadurch wird ein Marktversagen, das durch Informationsdefizite bedingt ist, vermieden und die institutionelle Funktionseffizienz der Märkte gewährleistet[10].

II. Systematisierung der Voraussetzungen für Aufklärungspflichten von Kreditinstituten

1. Der gegenwärtige Meinungsstand

Nach einer im Schrifttum vertretenen Ansicht befindet sich die Bestimmung von Aufklärungspflichten noch im Stadium der reinen Einzelfallbetrachtung: Diese Auffassung kann sich auf die ständig wiederkehrende Kernaussage der Rechtsprechung berufen, wonach für die Annahme von Aufklärungspflichten die besonderen Umstände des Einzelfalles entscheidend sind[11]. Eine Analyse des Fallmaterials der Rechtsprechung

---

8 *Breidenbach,* aaO (Fn. 1), S. 12.

9 *Rümker,* Haftung bei dem Erwerb und der Finanzierung von Vermögenseinlagen, in: Köndgen (Hrsg.), Neue Entwicklungen im Bankhaftungsrecht, RWS-Forum 1, Köln 1987, S. 71 (81); zustimmend *Breidenbach,* aaO (Fn. 8).

10 Dazu *Assmann,* Börsentermingeschäftsfähigkeit, FS Heinsius, Berlin 1991, S. 1 (23).

11 Zuletzt etwa für die Aufklärung bei Optionsgeschäften BGH ZIP 1991,314 (317); WM 1991, 714; OLG Köln NJW-RR 1992, 1457ff; *Roth,* Münchener Komm. z. BGB, aaO (Fn. 5), § 242 Rdn. 200.

zeigt jedoch eine weitgehende Konstanz der Wertungsgesichtspunkte, wobei zwei Aspekte besonders hervorzuheben sind: Die Rechtsprechung differenziert zum einen nach Rolle und Funktion des Kreditinstitutes bei dem jeweiligen Bankgeschäft und stellt dabei auf die Gefahren ab, die den Kunden aufgrund des Geschäftes typischerweise treffen können, zum anderen berücksichtigt sie die konkrete Aufklärungsbedürftigkeit des Kunden[12]. Die Tatsache, daß die Rechtsprechung eine rollen- oder funktionsbezogene Verantwortlichkeit der Kreditinstitute zugrunde legt, führt dazu, ein unterschiedliches Ausmaß von Aufklärungspflichten bei den jeweiligen Bankgeschäften anzunehmen (dazu unter III 3, S. 33ff).

In der Sache haben sich in der Rechtsprechung für die einzelnen Geschäftstypen relativ klar umrissene Fallgruppen verfestigt.[13] In einzelnen Teilbereichen ist allerdings die Tendenz einer zu weiten Ausdehnung der Risikosphäre der Bank, wie noch zu zeigen ist, zu Gunsten der Kunden gegeben.[14]

2. Begründung der Aufklärungspflichten aus der Geltung allgemeiner Rechtsprinzipien

a) Ableitung der Aufklärungspflichten aus dem Verbraucherschutzprinzip

Schuldrechtliche Informationspflichten gegenüber Endverbrauchern entsprechen nach *Reich* einem sozialstaatlichen Verfassungsgebot[15]. Konkret bezogen auf Kapitalanlagen postuliert *Hopt* aus dem nach sei-

12 Hierzu *Hopt,* Der Kapitalanlegerschutz im Recht der Banken, München 1975, S. 414ff (im folgenden „Kapitalanlegerschutz" zitiert); *Vortmann,* aaO (Fn. 1), S. 12ff; *Roth,* aaO (Fn. 1), § 12 Rdn. 17; kritisch zu den einzelnen Lösungsansätzen: *Breidenbach,* aaO (Fn. 1), S. 23ff.

13 Hierzu die Darstellung der Rechtsprechung bei *Vortmann,* aaO (Fn. 1), S. 31ff, S. 80ff, S. 93ff, S. 122ff; von *Heymann,* Bankenhaftung bei Immobilienanlagen, 6. Aufl., Frankfurt 1992, S. 19ff, S. 35ff, S. 57ff, S. 105ff.

14 Kritisch hierzu auch *Schwark,* ZHR 151 (1987), 325 (336). Allgemeinkritisch zur Ausweitung vorvertraglicher Aufklärungspflichten und der damit einhergehenden Abwälzung bewußt übernommener Geschäftsrisiken; *Lieb,* FS der rechtswiss. Fakultät zur 600-Jahrfeier der Universität zu Köln, 1988, S. 251ff.

15 NJW 1978, 513 (519).

ner Ansicht verfassungsrechtlich verankerten Anlegerschutzprinzip ein System der „Individualpublizität" für die Wertpapieranleger[16]. Dagegen hat *Breidenbach* eingewendet, der personenbezogene Ansatz erweise sich in der konkreten Ausformung des Verbraucherschutzes als zu eng, da z.B. das Anlegerschutzprinzip nicht nur dem unerfahrenen Durchschnittsanleger zugute käme, sondern in bestimmten Ausnahmefällen auch Vollkaufleuten und freiberuflich Tätigen. Abzustellen sei nicht auf die Person, sondern generell auf den Informationsbedarf am konkreten Vertragszweck[17].

Verbraucherschutz bzw. das Anlegerschutzprinzip sind hoch generalisierte Grundsätze, die der Konkretisierung bedürfen, um bestimmte Verhaltenspflichten normieren zu können.[18] Zum Problem, wie Verbraucher- oder Anlegerschutzprinzipien konkret umgesetzt werden, und der in diesem Zusammenhang relevanten Frage, ob ein personen- oder konkret vertragsbezogener Ansatz gilt, ist ein Blick auf einige neuer Wirtschaftsgesetze von Interesse:

Verbraucherschutz im Bereich von Vermögensanlagen und bei Kreditaufnahmen außerhalb von vorvertraglichen Informationspflichten realisiert sich gesetzestechnisch gesehen vor allem in den Formen des Unverbindlichkeits- oder des Informationsmodelles. Ein Beispiel für das Unverbindlichkeitsmodell war die Regelung der personenbezogenen Termingeschäftsfähigkeit (§ 53 BörsG a.F.); in diesen Zusammenhang gehört auch § 138 BGB. Neuere Gesetze normieren zunehmend das Informationsmodell. Mit der Börsengesetz-Novelle von 1989 wurde die Börsentermingeschäftsfähigkeit kraft Informationsschrift eingeführt (§ 53 Abs. 2 BörsG n.F.). Das Transparenzprinzip findet sich im Verbraucherkreditgesetz (§ 4) sowie in den §§ 1 b Abs. 2 AbzG, 2 HTWG, 2 Abs. 1 AGBG, 1 VerkProspG. Die Rechtsprechung hat mit der Einführung des Transparenzgebotes von AGB als Wirksamkeitsvoraussetzung für den Vertragsabschluß[19] ebenfalls ein Informationsmodell realisiert und damit eine neue Dimension des Verbraucherschutzes eröffnet.

Die Kriterien für das Eingreifen dieses Schutzprinzips sind teilweise personenbezogen nach der Aufklärungsbedürftigkeit des Adressaten typisierend normiert, wie z.B. im Falle des § 53 Abs. 2 BörsG n.F. bzw. in § 2 Ziff. 1–3 VerkProspG, § 1 Abs. 1 VerbraucherkreditG oder stellen ab

16 *Hopt*, Kapitalanlegerschutz, aaO (Fn. 12), S. 413ff.
17 *Breidenbach*, aaO (Fn. 1), S. 31.
18 So auch *Hopt*, Kapitalanlegerschutz, aaO (Fn. 12), S. 414.
19 BGHZ 106, 42 (49); BGHZ 106, 259ff.

auf den Informationsbedarf gemessen am konkreten Vertragszweck wie in den Ausnahmeregelungen von der Prospektpflicht in §§3 und 4 VerkProspG. Die Rechtsprechung des BGH zum Transparenzgebot von AGB im Annuitätenurteil knüpft an die Aufklärungsbedürftigkeit des Durchschnittskunden an[20] und legt damit ebenfalls ein personenbezogenes Gruppenkriterium typisierend zugrunde. Die ausschließliche Fixierung des Verbraucherschutzprinzips auf den Informationsbedarf des konkreten Vertragszweckes, wie es Breidenbach postuliert, erweist sich daher als zu eng: Kennzeichnend ist vielmehr eine Kombination von personen- und vertragsbezogenen Elementen.

Zurück zu den vorvertraglichen Aufklärungspflichten: Ihnen verbleibt ungeachtet spezialgesetzlicher Ausformungen von Verbraucher- und Anlegerschutz eine eigenständige Bedeutung. Sie haben Ergänzungsfunktion, wie die Tatsache beweist, daß z.B. neben der Informationsschrift, die Börsentermingeschäftsfähigkeit nach §53 Abs. 2 BörsG vermittelt, zusätzliche Aufklärungs- und Beratungspflichten der Kreditinstitute bestehen können.[21]

Zusammenfassend ist zu sagen, daß dem Verbraucherschutzgedanken oder dem Anlegerschutzprinzip als Haftungsgrund wegen deren generalklauselartigen Weite keine systembildende Bedeutung für die Begründung vorvertraglicher oder vertragsschlußbezogener Aufklärungspflichten zukommen. Andererseits erscheint es auch nicht angängig, generell lediglich auf den Informationsbedarf gemessen am konkreten Vertragszweck und nicht auf die Person abzustellen (dazu unter III 3a bb, S.41ff).

b) Berufshaftung

Die Haftung für beruflich erteilten Rat und Auskunft im Bereich bankgeschäftlicher Tätigkeit wird von einer verbreiteten Ansicht unter die Kategorie der Berufshaftung eingeordnet[22]. Unter dem Sammelbegriff

20 BGHZ 106, 42 (49).

21 Daß zusätzlich zur Information nach § 53 Abs. 2 BörsG weitere Beratungs-, Auskunfts- oder Warnpflichten aufgrund der besonderen Situation im Einzelfall oder den individuellen Umständen in der Person des Kunden bestehen können, hebt die amtliche Begründung zur Börsengesetz-Novelle ausdrücklich hervor, BT-Drucks. 11/4177, S.19, 20; dazu auch *Horn,* ZIP 1990, 2 (16).

22 *Baumbach/Duden/Hopt,* Komm. z. HGB, 28. Aufl., München 1989, § 347 Anm. 3 D.

Berufshaftung finden sich unterschiedliche Positionen. *Grunewald* sieht in der Berufshaftung einen Haftungstatbestand der verschuldensabhängigen Erklärungshaftung für Angaben von Fachleuten[23]. Nach *Mertens*[24] ist § 823 Abs. 2 BGB um die Verletzung vermögensbezogener Verkehrspflichten zu erweitern. Demgegenüber postuliert *Hopt* eine vertrags- und deliktsübergreifende Berufshaftung (in concreto für Tätigkeit am Kapitalmarkt)[25]. Soweit daraus geschlossen wurde, die berufliche Position als solche begründe eine Haftung jenseits von Vertrag, Quasi-Vertrag und Delikt[26], hat *Hopt* klargestellt, daß die Berufshaftung gegenüber der von der Rechtsprechung verwendeten Figur der culpa in contrahendo keinen Gegensatz darstellt, sondern das gesetzliche Schuldverhältnis konkretisiert.[27]

Dem Versuch, der beruflichen Tätigkeit die Qualität eines eigenständigen gesetzlichen Haftungstatbestandes zu verleihen, ist mit Skepsis zu begegnen[28]. Wer als beruflicher Fachmann (Vorstandssprecher einer Bank) einen Rat oder eine Auskunft außerhalb des rechtsgeschäftlichen Verkehrs z.B. anläßlich einer gesellschaftlichen Veranstaltung erteilt, haftet nach einer jüngst ergangenen Entscheidung des BGH gerade nicht,[29] während der deliktsrechtliche Ansatz der Berufshaftung zu einer Haftung gelangen müßte.[30] Der Auffassung, daß die Berufshaftung als selbständiger Haftungsgrund abzulehnen ist, steht nicht die Feststellung entgegen, daß berufliche Funktionen für die Begründung von Aufklärungspflichten bedeutsam sind. Sie sind ein „pflichtendifferenzierendes (bzw. -verschärfendes) Haftungselement, das erst durch das vertragliche Versprechen, den quasi-vertraglichen geschäftlichen Kontakt oder die schadensstiftende unerlaubte Handlung aktualisiert wird".[31]

---

23 JZ 1982, 627 (631).

24 AcP 187 (1987) 227ff; *ders.*, Münchener Komm. z. BGB, 2. Aufl., München 1986, § 823 Rdn. 469ff.

25 AcP 183 (1983) 608 (705), FS Pleyer, Köln 1986, S. 241 (350, 354).

26 So etwa *Köndgen*, Bankhaftung – Strukturen und Tendenzen, Generalbericht, in: Neue Entwicklungen im Bankhaftungsrecht, RWS-Forum 1, aaO (Fn. 9), S. 133 (136 Fn. 11).

27 *Baumbach/Duden/Hopt*, aaO (Fn. 22), § 347 Anm. 3 E.

28 So auch *Köndgen*, aaO (Fn. 26), S. 136; *Breidenbach*, aaO (Fn. 1), S. 35; *Heymann/Horn*, Komm. z. HGB, Berlin 1990, § 347 Rdn. 64.

29 WM 1990, 1990.

30 *Breidenbach*, aaO (Fn. 1), S. 35.

31 So zutreffend *Köndgen*, aaO (Fn. 26), S. 136; *Breidenbach*, aaO (Fn. 1), S. 35.

III. Elemente eines beweglichen Systems zur Ermittlung von vertragsschlußbezogenen Aufklärungspflichten

1. Die Ansicht von Hopt

Hopt hat in seiner Habilitationsschrift fünf Elemente zur Bestimmung der „Individualpublizität" für den Effektenkunden als Ausprägung des Anlegerschutzprinzips als maßgeblich für ein bewegliches System entwickelt:[32]

- Aufklärungsbedürftigkeit des Kunden,
- Absprachen zwischen Bank und Kunden,
- Intensität der gegenseitigen Beziehungen,
- Schutzverzicht,
- betriebliche und finanzielle Tragbarkeit.

Die Resonanz, die diese Arbeit von *Hopt* in Rechtsprechung und Lehre gefunden hat, hat allerdings nicht dazu geführt, daß das bewegliche System des Anlegerschutzes aufgegriffen wurde. *Hopt* hat diesen Ansatz später auch nicht weiter verfolgt, sondern den Gedanken der Vertrauens- und Berufshaftung entwickelt und ausgebaut.

2. Die Ansicht von Breidenbach

Breidenbach hat in seiner preisgekrönten Münchner Dissertation den Gedanken von *Hopt* wieder aufgegriffen, die Aufklärungspflicht im Rahmen eines „beweglichen Systems" zu bestimmen. Für die Erfassung der Informationspflichten hält er

- den Informationsbedarf,
- die Möglichkeit der Information und
- den Funktionskreis, innerhalb dessen der Aufklärungspflichtige tätig wird,

für die maßgebenden Kriterien.[33] Aus dem Zusammenspiel dieser Ele-

---

32 Kapitalanlegerschutz, aaO (Fn 12), S. 414ff.

33 AaO (Fn. 1), S. 62ff, 70ff, 73ff; auch *Roth,* aaO (Fn. 1), § 12 Rdn. 19 sieht die verschiedenen Gesichtspunkte als Elemente eines beweglichen Systems der Gesamtwürdigung des Einzelfalles.

mente, die im Einzelfall völlig verschieden ausfallen könnten, könne eine Aufklärungspflicht abgeleitet werden.[34]

Im folgenden wird versucht zu klären, ob im Grundsatz einer solchen beweglichen Systembildung zuzustimmen ist und ob die variablen Kriterien vollständig und sachgerecht erfaßt sind.

3. Kriterien eines beweglichen Systems

a) Der Informationsbedarf

Der Informationsbedarf des Aufzuklärenden ist ständig wiederkehrender Topos der Rechtsprechung zum Bankhaftungsrecht. Er folgt aus der Tatsache, daß die Aufklärungspflicht keine primäre Leistungs-, sondern nur eine Schutzpflicht ist, die präventiv zur Verhinderung von Schäden wirkt.[35] Der Informationsbedarf setzt ein Informationsgefälle zwischen dem Pflichtigen und dem Aufzuklärenden voraus.[36] Ein solches Informationsgefälle reicht jedoch für sich gesehen nicht aus, um Aufklärungspflichten zu begründen. Informations- und Aufklärungspflichten bestehen nur, wenn

- die Information für den konkreten Vertragszweck objektiv relevant ist (aa)
- der jeweilige Adressat der Information subjektiv aufklärungsbedürftig ist (bb).

aa) Relevanz der Information

(1) Informationen, die den beabsichtigten Vertragszweck in Frage stellen, sind stets bedeutsam und können Gegenstand einer Aufklärungspflicht sein.[37] In Einzelfällen verdichtet sich die Aufklärungspflicht des Kreditinstitutes über eine Warnpflicht hinaus zu einer Ablehnungspflicht in Bezug auf das in Aussicht genommene Geschäft. Berät eine

---

34 AaO (Fn. 1), S. 62ff.
35 So *Breidenbach,* aaO (Fn. 1), S. 12ff.
36 *Roth,* Münchener Komm. z. BGB, aaO (Fn. 5), § 242 Rdn. 197.
37 *Breidenbach,* aaO (Fn. 1), S. 67 m.w.N. über die Rechtsprechung.

Bausparkasse den Kunden über eine Finanzierung und sind die mit der Zwischenfinanzierung verbundenen Belastungen für den Kunden untragbar, so muß sie von der Finanzierung abraten und diese ggfs. auch ablehnen.[38]

Die hier angesprochene Verpflichtung der Bank, den Kunden vor einer Selbstschädigung zu bewahren und ihn damit gewissermaßen vor sich selbst zu schützen, sieht sich allerdings der Frage ausgesetzt, inwieweit die Eigenverantwortlichkeit des Einzelnen und damit auch das Prinzip der Privatautonomie berührt wird. Die Verlagerung der Informationslast schützt mit der Willensfreiheit eine der wesentlichen Funktionsbedingungen der Privatautonomie. Anders formuliert: Der Begünstigte aus der Informationspflicht soll nur Kenntnis von besonderen, ihm nicht bekannten Risiken des Vertragschlusses erhalten, um sich sodann selbstverantwortlich entscheiden zu können.[39] Insofern sind die beiden genannten OLG-Entscheidungen mit der dort statuierten Pflicht zur Ablehnung der von dem Kunden in Aussicht genommenen Kreditaufnahme eine äußerste Grenze. Normalerweise ist es gerade nicht Aufgabe der Bank, den Kunden von einem risikoreichen Geschäft abzuhalten; ausreichend ist die hinreichend deutliche Aufklärung.[40] Diese Grenze wird zu Lasten der Privatautonomie unzulässig überschritten, wenn *Schwintowski* fordert, der Vermittler von Warentermin- oder Aktienoptionsgeschäften müsse durch Klärung der persönlichen Vermögensverhältnisse „sicherstellen, daß das Optionsgeschäft den Investor nicht ruinieren kann".[41]

(2) Gegebenenfalls kommt auch eine Aufklärung über solche Risiken in Betracht, die zwar nicht den Vertragszweck vereiteln, jedoch von wesentlicher Bedeutung für den Vertragsschluß sind.[42] So hat der BGH kürzlich dem Investor eines Bauherrenmodelles wegen Nichtaufklärung über einen vertragswesentlichen Umstand auch dann Befreiung von dem abgeschlossenen Vertrag und Ersatz seiner Aufwendungen zuerkannt,

38 OLG Celle NJW-RR 1990, 878; ebenso schon OLG Düsseldorf WM 1986, 253.

39 *Hopt,* Kapitalanlegerschutz, aaO (Fn.12), S.416; *Breidenbach,* aaO (Fn. 1), S.12.

40 Vgl. auch *Hopt,* Kapitalanlegerschutz, aaO (Fn. 12), S.423.

41 Anmerkung zu BGH EWiR § 53 BörsG 1/91, 260.

42 *Breidenbach,* aaO (Fn. 1), S.67; *Roth,* Münchener Komm. z. BGB, aaO (Fn. 5), § 242 Rdn. 201; *ders.,* aaO, (Fn. 1), § 12 Rdn. 21ff für Effektengeschäfte.

wenn die Beteiligung zwar werthaltig ist, es sich jedoch um ein von dem im Prospekt beschriebenen Anlagemodell grundlegend verschiedenes, nicht austauschbares Projekt handelt.[43]

(3) Dagegen ist keine Aufklärungspflicht der Bank anzunehmen über allgemeine Marktverhältnisse und damit über selbstverständliche und offenkundige Risiken[44] wie z. B. die Entwicklung des Dollar-Kurses oder des zukünftigen Bedarfes von Schiffahrtsraum, wenn die Bank eine Schiffsbeteiligung finanziert.[45] Ebensowenig hat die Bank die Risiken zu tragen, die sich beim kreditfinanzierten Kauf einer Fremdwährungsanleihe ergeben.[46] Bei der Finanzierung eines Ersterwerbermodelles ist es nicht Sache der Bank, im Interesse des Darlehensnehmers festzustellen, ob die zu erwerbende Immobilie im Rahmen der Konzeptionierung überbewertet wurde[47]. Es obliegt dem Käufer oder Darlehensnehmer, sich über solche Umstände und allgemeinen Marktverhältnisse, z. B. die allgemeine Zinsentwicklung,[48] die nicht der Sphäre der Bank zuzurechnen sind, eigene Informationen einzuholen bzw. Nachforschungen anzustellen.

bb) Subjektiver Aufklärungsbedarf (Aufklärungsbedürftigkeit)

(1) Dieses Kriterium beinhaltet die Unkenntnis des Kunden von der relevanten Information. Die daraus resultierende Aufklärungsbedürftigkeit ist ein weiteres maßgebendes Kriterium, das die Rechtsprechung zur Begründung oder Ablehnung von Aufklärungs- und Beratungspflichten heranzieht.[49] Nicht jede Unkenntnis oder jeder Irrtum über eine relevante Information sind geeignet, eine Rechtspflicht zur Aufklärung zu begründen. Speziell bezogen auf die Risiken von Aktienoptionsgeschäften, in der Aussage jedoch verallgemeinerungsfähig, hat der BGH ausgeführt, Existenz, Inhalt und Umfang von Aufklärungspflichten hingen

---

43 BGH WM 1991, 2092.

44 *Breidenbach,* aaO (Fn. 1), S. 68; *Roth,* aaO (Fn. 1), § 12 Rdn. 30.

45 OLG Hamm WM 1989, 598.

46 OLG Karlsruhe WM 1988, 411; LG Gießen WM 1992, 1025.

47 OLG Stuttgart WM 1989, 775ff.

48 OLG Hamm BB 1992, 2177.

49 *Roth,* aaO (Fn. 1), § 12 Rdn. 17; *Hopt,* Kapitalanlegerschutz, aaO (Fn. 12), S. 417; teilweise abweichend *Breidenbach,* aaO (Fn. 1), S. 64ff.

von der Person des Optionserwerbers, insbesondere von seiner Erfahrung mit solchen Geschäften und den besonderen Umständen des Einzelfalles ab.[50] Der dahinter stehende Gedanke lautet: Der aufgeklärte oder mündige Anleger bedarf keiner Aufklärung über die generellen Risiken seiner Investition, weil er diese aufgrund eigener Risikoabwägung in freier Selbstentscheidung fällt. Insoweit kann bezogen auf einen solchen Anleger auch nicht von einem Marktversagen infolge Informationsdefizit oder von einer Chancenungleichheit gesprochen werden.

(2) Konsequenterweise gilt das Kriterium der subjektiven Aufklärungsbedürftigkeit unabhängig davon, ob der Kunde Kaufmanns-Eigenschaft aufweist oder nicht. Der in Aktienoptionsgeschäften erfahrene Major a.D.[51] oder Friseurmeister[52] bedürfen keiner Aufklärung über das Spekulationsrisiko durch ihre Bank. Ebensowenig ist ein in Anlagegeschäften erfahrener Maschinenbaustudent aufklärungsbedürftig.[53] Das Kreditinstitut hat auch keine Veranlassung, einen aufgrund einschlägiger Vorerfahrungen weitgehend professionellen Bankkunden beim Abschluß von Devisentermingeschäften über die solchen Geschäften immanenten Risiken aufzuklären.[54] Diesen Personen ist es zuzumuten, sich die erforderlichen Informationen, wenn sie diese überhaupt noch aufgrund ihrer Sachkunde benötigen, selbst zu besorgen.

Die Statuierung von Aufklärungspflichten soll – und das ist die Kernaussage dieser Rechtsprechung – lediglich den Aufklärungsbedürftigen über die relevanten Risikofaktoren informieren, nicht jedoch soll das generelle wirtschaftliche Risiko der Investitionsentscheidung auf die Bank verlagert werden.

(3) Entgegen *Breidenbach*[55] ist es geboten, den Informationsbedarf nach bestimmten Personengruppen zu differenzieren.[56] Die Grenzlinie verläuft zwischen dem aufklärungsbedürftigen Partner einerseits und dem aufgeklärten oder kundigen Kunden andererseits ohne Rücksicht auf die Kaufmanns-Eigenschaft oder andere formale Anknüpfungspunkte.

---

50 BGH ZIP 1992, 314ff.

51 BGH ZIP 1992, 314ff.

52 OLG Frankfurt WM 1990, 1452 = EWiR § 53 BörsG 1/90, 1085 m. Anm. *Vortmann.*

53 LG Darmstadt WM 1984, 332 (333); *Vortmann,* aaO (Fn. 1), S. 148.

54 LG Frankfurt DB 1992, 203.

55 AaO (Fn. 1), S. 64.

56 Für eine Typisierung auch *Hopt,* Kapitalanlegerschutz, aaO (Fn. 12), S. 417ff.

Damit wird nicht der Sozialschutzgedanke als pflichtenbegründendes Kriterium herangezogen. Es wird vielmehr berücksichtigt, daß im Grundsatz keine vertragsschlußbezogenen Aufklärungs- und Beratungspflichten der Bank ohne Berücksichtigung des individuellen Informationsstandes des Adressaten bestehen, ihre Existenz also nicht als personenunabhängige Pflichtenbegründung gewertet werden kann, sondern stets am konkreten Informationsbedarf des einzelnen Kunden angeknüpft werden muß.

Wer[57] die Frage der Informationsunterlegenheit nur zur Klärung heranzieht, ob der objektiv ermittelte Informationsbedarf erkennbar und damit unter Umständen eine Informationspflicht fahrlässig verletzt wurde, verkennt das Zusammenspiel zwischen Informationsbedarf und dem Prinzip der Selbstverantwortung. Die Formulierung, entscheidend sei auf den Informationsbedarf gemessen am konkreten Vertragszweck und nicht an der Person abzustellen[58], verdeckt die Tatsache, daß auch *Breidenbach* letztlich wieder nach Personengruppen differenziert, und zwar auf der Ebene des Verschuldens. Bei der Frage, ob eine Informationspflicht schuldhaft verletzt sei, führt nach seiner Ansicht die typische Informationsunterlegenheit des Verbrauchers nämlich zu einem typisierten Schuldvorwurf, während bei einem Kaufmann erkennbare Umstände hinsichtlich der konkreten Uninformiertheit vorliegen müßten, um einen Fahrlässigkeitsvorwurf zu begründen.[59]

Diese Differenzierung in den Haftungsvoraussetzungen erscheint sachlich nicht gerechtfertigt. Demgegenüber ist darauf hinzuweisen, daß der BGH die Aufklärungspflicht des Vermittlers von Warentermingeschäften gegenüber einem in solchen Geschäften nicht erfahrenen Vollkaufmann auch für den Fall angenommen hat, daß dieser sich die Informationen selbst hätte besorgen können und nicht darauf abgestellt hat, ob die Uninformiertheit für den Vermittler erkennbar war.[60] Der Vorwurf der Fahrlässigkeit des Vertreibers wurde damit begründet, daß jenem als einem im Optionshandel tätigen Kaufmann die Bedeutung der Londoner Optionsprämie für den Erwerber einer Warenterminoption bekannt sein mußte.[61] Fahrlässigkeitsbegründend ist also die Kenntnis der besonderen Risikofaktoren kraft beruflicher Sachkunde. Die Recht-

---

57 Wie *Breidenbach,* aaO (Fn. 1), S. 64.
58 So *Breidenbach,* aaO (Fn. 1), S. 31.
59 AaO (Fn. 1), S. 33.
60 BGH WM 1987, 103; WM 1984, 552; WM 1981, 552.
61 BGH WM 1981,552 (553).

sprechung stellt relativ geringe Anforderungen an den Nachweis des Verschuldens: Bei Kenntnis unrichtiger Angaben und Nichtweitergabe wird generell Fahrlässigkeit angenommen, ebenso reicht es für die Annahme des Verschuldens aus, daß die Bank Kenntnis von Zweifeln an der Zuverlässigkeit eines Anlageobjektes hat.[62] Die Professionalität der betroffenen Verkehrskreise – und dazu rechnen auch die Kreditinstitute – begründet generell strenge Sorgfaltsmaßstäbe für vertragliche und vorvertragliche Sorgfaltspflichten. Insofern wirkt sich die berufliche Stellung pflichtenbestimmend im Sinne pflichtenverstärkender Standards aus.

Die von Breidenbach hervorgehobene Erkennbarkeit[63] des Informationsbedarfes für den Vertragspartner ist schon ein pflichtenbegründendes Kriterium und nicht erst bei der Frage der Zurechnung, also beim Verschulden, relevant. Häufig wird bei der Pflichtenbegründung ohne weiteres auch auf die Erkennbarkeit des Aufklärungsbedarfes geschlossen bzw. wie in der genannten Optionsentscheidung des BGH dieses Moment als gegeben unterstellt.

Eine Aufklärungspflicht ist ferner zu verneinen, wenn die Risiken der Sphäre des Anlegers zuzuordnen sind, er sich also selbst die erforderliche Aufklärung vor der Anlageentscheidung verschaffen kann und daher nach Treu und Glauben nicht die Aufklärung vom anderen Teil erwarten darf.

Die Bank ist demgemäß nicht wegen eines konkreten Wissensvorsprunges gegenüber einem Anleger aufklärungspflichtig, der auf seiten des Prospektherausgebers bei dessen Verhandlung mit der finanzierenden Bank beteiligt ist, Aufgaben der Projektdurchführung übernimmt, dabei selbst eines der Anlageobjekte erwirbt und von der Bank finanzieren läßt.[64] Ebenso hat jetzt der BGH in einem parallel gelagerten Fall entschieden.[65] Hier ist der Umstand maßgeblich, daß der Anleger an der Entstehung der Gefährdungslage selbst mitgewirkt hat und er damit die Sorgfaltspflichten, die ihn als Mitwirkenden auf der Seite des Prospektherausgebers oder als Anlagevermittler gegenüber dritten Anlegern treffen, auch sich selbst gegenüber gelten lassen muß.[66]

---

62 BGH WM 1987, 495.
63 *Breidenbach,* aaO (Fn. 1), S. 54.
64 OLG Düsseldorf ZIP 1990, 1396.
65 BGH WM 1992, 432 (434).
66 BGH WM 1992, 432 (434).

b) Weitergabe der Information

Die tatsächliche Kenntnis und damit die Möglichkeit der Weitergabe der Information ist ein zweites Kriterium für das Bestehen einer Aufklärungspflicht[67]. *Breidenbach* bringt dies auf die Formel: „Wer über präsentes Wissen verfügt, soll eher aufklären, als derjenige, der sich die Information erst mühsam und unter hohen Kosten beschaffen muß".[68] Damit ist allerdings mehr das ökonomische Prinzip der Effizienz und Kostenvermeidung angesprochen und noch nicht der Rechtsgrund für die Annahme einer Aufklärungspflicht sichtbar gemacht.

Moderne Finanzprodukte, wie die diversen Erscheinungen der Bauherren-Modelle, Optionsgeschäfte aller Art, sonstige Vermögensanlagen z.B. Schuldverschreibungen in Fremdwährung oder mit Tilgungswahlrechten, Kombinationszinsanleihen, Floater, Genußscheine oder Fondsanteile aller Art lösen bei dem Kunden einen Informations- und Aufklärungsbedarf aus. Mangels anderweitiger Informationsquellen ist der Kunde hier regelmäßig auf die ihm vom Kreditinstitut, sonstigen Vermittlern oder Beratern in Form von Prospekten, Informations- und Produktmemoranden oder im Beratungsgespräch zur Verfügung gestellten Informationen angewiesen.

Insbesondere im Rahmen der von der Rechtsprechung entwickelten zivilrechtlichen Prospekthaftung bei Publikumskommanditgesellschaften hat der BGH mehrfach ausgeführt, daß „der Beitrittsinteressent im allgemeinen keine eigenen Unterrichtungsmöglichkeiten (hat); er ist vielmehr darauf angewiesen, sich anhand des Emissionsprospektes über das zu finanzierende Vorhaben zu informieren".[69] Es ist dieses Angewiesensein des Kunden auf Produktinformationen, das eine Aufklärungspflicht derjenigen Beteiligten begründet, aus deren Sphäre diese Finanzprodukte herrühren, sei es, daß sie diese selbst kreieren, vermitteln oder im Rahmen der Anlageberatung empfehlen.[70] Der Gesichtspunkt der Angewiesenheit auf Information ist nicht nur bedeutsam für die Frage, wer effektiver, schneller und billiger über das Informationsmaterial verfügen

---

67 *Breidenbach,* aaO (Fn. 1), S. 70.
68 AaO (Fn. 1), S. 70.
69 BGHZ 79, 34; 77, 176.
70 Dazu auch *Roth,* aaO (Fn. 1), § 12 Rdn. 17; *von Stebut,* ZIP 1992,1698 (1700ff); aus der Rechtsprechung zuletzt BGH ZIP 1991, 301 (Idealkredit); BGH ZIP 1991, 299; (Umschuldungskredit); BGH ZIP 1992, 1220 (Null-Einsatz-Vorsorgeprogramm).

kann. Er gewinnt auch Bedeutung im Zusammenhang mit der Tatsache, daß moderne Finanzprodukte häufig eine gewisse Komplexität oder einen Risikogehalt aufweisen, der nicht immer für den durchschnittlich erfahrenen Anleger offen zu Tage liegt.

So hat der BGH die besonders hohen Aufklärungspflichten für die Vermittler von Warenterminoptionen wegen des hohen Risikos auch auf den Vermittler von Aktien- und Aktienindexoptionen übertragen.[71] Ungeachtet der Termingeschäftsfähigkeit kraft Risikoinformationsschrift (§53 Abs. 2 BörsG) bestehen hier zusätzliche Aufklärungs- und Beratungspflichten, soweit bei dem konkreten Geschäft spezielle Risiken bestehen (z.B. Prämienaufschlag).

Der Aspekt der Komplexität des Anlageproduktes ist auch ein maßgebender Grund für die richterrechtlich entwickelte zivilrechtliche Prospekthaftung von Initiatoren, Gründern, Anlagevermittlern und Personen, die aufgrund ihrer berufsmäßigen Sachkenntnis eine Garantenstellung in Bezug auf Richtigkeit und Vollständigkeit der Prospektinformationen einnehmen.[72] Die ursprünglich an Konzeption und Vertrieb von Kommanditbeteiligungen an Publikums-KGs ausgerichteten Haftungsgrundsätze hat der BGH inzwischen auf Bauherrenmodelle erstreckt[73] und neuerdings auch auf solche Anlagenmodelle ausgedehnt, die Elemente der reinen Kapitalbeteiligung und des Bauherrenmodelles vereinigen.[74]

In besonderem Maße auf Aufklärung angewiesen ist der Kunde ferner, wenn sich die Bank in einer Interessenkollision verwickelt hat[75] oder über einen konkreten Informationsvorsprung verfügt.[76] Als Beispiel sind zu nennen Kenntnisse über spezielle Risiken einer Vermögensanlage, wie das Scheitern eines vorausgegangenen Projektes und die daraus resultierende nicht allgemein bekannte fehlende Bonität eines

71 BGH WM 1991, 127 (129) unter Bezugnahme auf BGHZ 105, 108 (110); BGH WM 1988, 291 (293).

72 *Assmann*, Handbuch des Kapitalanlagerechts, § 7 Rdn. 1ff; *von Heymann*, aaO (Fn. 13), S.153ff.

73 BGH WM 1990, 1276 = EWiR § 276 BGB 3/90, 757 m. Anm. *Assmann.*

74 BGH WM 1991, 2092.

75 Hierzu ausführlich *Roth*, aaO (Fn. 1), § 12 Rdn. 43ff; *Vortmann*, aaO (Fn. 1), S.65ff, 136/137; *von Heymann*, aaO (Fn. 13), S.26, 50, 63, 143ff.

76 *Vortmann*, aaO (Fn. 1), S.63ff; *von Heymann*, aaO (Fn. 13), S.141ff; aus der Rechtsprechung BGH WM 1978, 896; BGH WM 1986, 700; BGH WM 1988, 561; BGH WM 1989, 1368; BGH WM 1991, 85.

Partners.[77] Zu offenbaren sind auch kapitalmäßige und personelle Verflechtungen zwischen Vermittler, Anlagegesellschafter und Treuhänder.[78] Neuere Entscheidungen des BGH zeigen, daß sich das Element „Konkreter Wissensvorsprung" häufig verbindet mit dem Kriterium „Interessenkollision", insbesondere wenn das Kreditinstitut sowohl die Initiatorenseite als auch die einzelnen Bauherren (vor)finanziert[79]. Hier kann die Bank in Konflikte zwischen Aufklärungspflicht und Pflicht zur Wahrung des Bankgeheimnisses geraten. Die Aussage der Rechtsprechung, dieser Konflikt sei im Einzelfall durch Güterabwägung zu lösen[80], ist unbestreitbar richtig, ohne jedoch immer eine leicht zu praktizierende Handhabung bieten zu können.

c) Inanspruchnahme von persönlichem Vertrauen

Ein wesentliches Element im Zusammenspiel der verschiedenen Kriterien für die Begründung einer Aufklärungspflicht der Bank ist die Inanspruchnahme persönlichen Vertrauens.

In Rede stehen hier die Fälle, daß die Bank den zwischen ihr und dem Kunden bestehenden rechtsgeschäftlichen Kontakt intensiviert, indem sie persönliches Vertrauen in Anspruch nimmt. Wirbt eine Bank damit, ein Beteiligungsangebot sei „bankgeprüft", so muß sie sich an dem Prüfungsstandard festhalten, den sie mit ihrer Erklärung für sich in Anspruch nimmt[81]. Wer sich in einer dem Kunden zugesandten Informationsbroschüre als Spezialist auf dem Gebiet der Penny-Stocks darstellt, nimmt persönliches Vertrauen in Anspruch und hat dem Interessenten ein zutreffendes Bild von den Chancen und Gefahren der vermittelten Geschäfte zu verschaffen; er kann sich nicht darauf berufen, der Kunde habe von dritter Seite bessere Informationen über die allgemeinen Risiken erhalten.[82] In einer weiteren Entscheidung hat der BGH den Grundsatz aufgestellt, bei einer Sparkasse entstehe ein zusätzlicher Vertrauenstatbestand bereits dadurch, daß sie die Kapitalanlage in ihr Bera-

77 BGH ZIP 1992,163 (165).
78 BGH WM 1979, 337; BGHZ 100, 117.
79 BGH WM 1992, 1310 = EWiR § 276 BGB 11/92, 751 m. Anm. *Steiner;* BGH ZIP 1992, 163 = EWiR § 276 BGB 3/92, 239 m. Anm. *Vortmann.*
80 BGH WM 1991, 85.
81 BGH WM 1986, 519; ebenso jetzt auch BGH WM 1992, 1355 (1357).
82 BGH WM 1991, 315; WM 1991, 667.

tungsprogramm aufgenommen und vermittelt hat und damit den Anschein einer Seriosität verliehen habe, die Sparkassengeschäften eigentümlich sei. Die Sparkasse müsse den ihr überlassenen Prospekt zumindest auf Plausibilität prüfen.[83] Die Entscheidung erscheint allerdings problematisch, weil sie geeignet ist, anderen Vermittlern Wettbewerbsvorteile dadurch zu verschaffen, daß sie gleichartige Geschäfte mit weniger Prüfungsaufwand betreiben können.[84]

In diesem Kontext sind auch die von der Rechtsprechung entwickelten Grundsätze zu sehen, wonach die finanzierende Bank bei Immobilienanlagen unter bestimmten Voraussetzungen eine Garantenstellung einnimmt. Hierzu rechnet neben der nach außen in Erscheinung tretenden Mitwirkung am Prospekt oder an der steuerlichen, rechtlichen oder wirtschaftlichen Konzeption auch die Schaffung eines besonderen zusätzlichen Vertrauenstatbestandes z. B. durch Zustimmung zur Nennung im Prospekt als „sachverständig" oder als Referenz.[85] In diesen Fällen erwächst der Bank gegenüber den Anlegern die Verpflichtung, die Richtigkeit der Angaben im Prospekt und die Bonität der Initiatoren zu überprüfen und die Kreditinteressenten ungefragt über etwaige Bedenken zu informieren.[86] Ob eine solche Verpflichtung auch besteht, wenn der Anleger den Kredit nicht bei der im Prospekt als Referenz benannten Bank sondern bei einem dritten Kreditinstitut aufnimmt, hat der BGH aaO nicht zu entscheiden brauchen.[87]

Von dem Grundsatz, daß derjenige, der persönliches Vertrauen in Anspruch nimmt, in besonderem Maße Aufklärungs- und Hinweispflichten gegenüber dem Adressaten der Erklärung zu beachten hat, kann im Einzelfall auch die Bank profitieren: Wer bei Kreditverhandlungen für ein sanierungsbedürftiges Unternehmen gegenüber der Bank persönliches Vertrauen in Anspruch nimmt, indem er auf frühere Sanierungserfolge hinweist, darf dem Verhandlungspartner die Umstände, die seine Eignung für die Sanierungsaufgabe in Frage stellen, nicht verschweigen.[88]

---

83 BGH WM 1987, 495.

84 So zutreffend *Assmann,* aaO (Fn. 72), § 7 Rdn. 74.

85 Nachweise bei von *Heymann* in: Assmann/Schütze (Hrsg.), Handbuch des Kapitalanlagerechts, aaO (Fn. 1), § 6 Rdn. 191 m.w.N.; ferner BGH WM 1992, 1310 (1311).

86 BGH WM 1992,1310 = EWiR § 276 BGB 11/92, 751 m. Anm. *Steiner.*

87 *Steiner* in EWiR § 276 BGB 11/92, 751 hält eine solche Haftung für denkbar.

88 So BGH WM 1990, 966.

Andererseits haftet eine Bank, die in einem Prospekt für ein Bauherren-Modell als Vertragspartner für die Zwischenfinanzierung aufgeführt ist, noch nicht allein wegen ihrer Namensnennung für die im Prospekt gemachten Angaben über die Kalkulation des Zwischenfinanzierungsaufwandes nach den Grundsätzen der Prospekthaftung.[89] Die Bank betätigt sich hier innerhalb ihrer Funktion als Financier und hat sich nicht die Angaben über die Zwischenfinanzierung zu eigen gemacht. Es liegt vielmehr innerhalb des Funktionskreises des Treuhänders, die von ihm vertretenen Anleger darauf hinzuweisen, daß die kalkulierten Zwischenfinanzierungszinsen erheblich überschritten werden würden; dies ist nicht Aufgabe der Bank. Ebensowenig verläßt die Bank allein mit der Bereitschaft zur Globalfinanzierung eines Bauherren-Modelles ihre Rolle als Kreditgeberin, wenn sie sich bereit erklärt, sämtliche Bauherren zwischenzufinanzieren.[90]

Ein Fall gesetzlicher Vertrauenshaftung ist §45 BörsG. Durch die im Prospekt publizierten Angaben wird besonderes Vertrauen in die den Prospekt unterzeichnenden Beteiligten (Emittent und Kreditinstitute) gegenüber den Zeichnern in Anspruch genommen.[91] Die Emissionsbank haftet, wenn die wirtschaftliche Lage und die Zukunftsaussichten des Emittenten zu günstig dargestellt sind[92].

d) *Funktionskreis*

Die deutschen Kreditinstitute sind als Universalbanken bei Eingehung und Durchführung der verschiedenen Bankgeschäfte in den verschiedensten Funktionen tätig. Das vorliegende Fallmaterial der Rechtsprechung zeigt, daß der jeweilige Funktionskreis, innerhalb dessen die Banken oder Sparkassen tätig werden, ebenfalls bestimmend für die Normierung vorvertraglicher Aufklärungspflichten ist. Der Grund hierfür ist nicht monokausal zu erfassen, mehrere Ursachen sind ausschlaggebend:

---

89 OLG München WM 1991, 447; hierzu auch *Assmann,* aaO (Fn. 72), § 7 Rdn. 75.

90 OLG Köln EWiR § 276 BGB 4/91, 653 m. Anm. *Vortmann.*

91 *Canaris,* Bankvertragsrecht, aaO (Fn. 2), 2. Aufl., Berlin 1981, Rdn. 2277.

92 BGH WM 1982, 682; BGH 96, 231, zur Haftung für den Börsenzulassungsprospekt für die DM Bond-Anleihen jetzt LG Frankfurt WM 1992, 1768.

- prägende Wirkung der banktypischen Sorgfaltspflichten im Rahmen der Geschäftsverbindung für die vorvertraglichen Aufklärungspflichten (Ausstrahlungseffekt),
- unterschiedliche Intensität der Interessenwahrnehmungspflichten bei den verschiedenen Bankgeschäftstypen,
- Einbindung des Kreditinstitutes in Herstellung und Vertrieb des jeweiligen Finanzproduktes oder nur technische Durchführung einer Bankdienstleistung ohne eigene Produktverantwortung,
- generell unterschiedliche Risikoanfälligkeit der diversen Bankgeschäfte und damit auch differenziert zu betrachtende Aufklärungsbedürftigkeit des Kunden,
- technische, finanzielle und organisatorische Darstellbarkeit von Schutzpflichten im Tagesgeschäft eines Kreditinstitutes.

Die Betrachtung des jeweiligen Funktionskreises, innerhalb dessen das Kreditinstitut tätig wird und die daraus resultierenden Anforderungen an einen ordnungsgemäßen Geschäftsablauf geben Aufschluß über Inhalt und Umfang vorvertraglicher Aufklärungspflichten. Funktionskreis des Pflichtigen und daraus resultierende Aufklärungspflicht werden in zwei Schritten ermittelt:[93]

- Bestimmung von Funktion und deren Umfang,
- Klärung, ob und ggfs. wieweit die Bereitstellung der fraglichen Information zur Ausübung der Funktion de lege artis gehört.

aa) Bargeldloser Zahlungsverkehr

Bei der Abwicklung des bargeldlosen Zahlungsverkehrs hat die Bank die Aufgabe, den Zahlungstransfer schnell und sicher durchzuführen. Diese Funktion ist gekennzeichnet durch
- einen hohen Automatisierungsgrad und fortschreitende Belegungebundenheit, die individuelle Prüfungshandlungen ohnehin beschränken,
- eine ständig weiter zunehmende Massenhaftigkeit gleichartiger Geschäftsvorfälle,
- das Prinzip formaler Auftragsstrenge, das die Bank berechtigt und verpflichtet, den formalen Auftrag strikt einzuhalten.

---

93 Dazu auch *Breidenbach,* aaO (Fn. 1), S. 75 ff.

Es ist unmittelbar einleuchtend, daß aufgrund der hier beschriebenen Funktion der Bank die Rechtsprechung bei der Auferlegung von spontan zu erfüllenden Aufklärungspflichten stets restriktiv gewesen ist. Sie hat im wesentlichen nur die Pflicht der Bank bejaht, den Kunden von der Zahlungseinstellung des Begünstigten oder der Empfangsbank zu informieren.[93a] Im Einzelfall können die Bank im Zahlungsverkehr mit dem Ausland auch Hinweispflichten auf devisenrechtliche Bestimmungen, die durch den Auftrag verletzt werden[94], oder auf Meldepflichten (§26 AWG i.V.m. §59 AWGVO) treffen.[95] Sie ist darüber hinaus nicht verpflichtet, Überlegungen über die Zweckmäßigkeit des Auftrages anzustellen und den Kunden vor gefährlichen Kreditgeschäften zu warnen.[96]

bb) Kreditgewährung

(1) Für das Kreditgeschäft ist ebenfalls anerkannt, daß es der Bank generell nicht obliegt, den Kreditnehmer über die Zweckmäßigkeit der Kreditaufnahme bzw. der gewählten Kreditart oder über die Risiken der von ihm beabsichtigten Verwendung des Darlehens aufzuklären. Dies gilt insbesondere bei steuersparenden Bauherren- oder Erwerbermodellen, bei denen davon auszugehen ist, daß die Interessenten entweder selbst über die notwendigen Kenntnisse und Erfahrungen verfügen oder sich der Hilfe von Fachleuten bedienen.[97]

Eine neue Entscheidung des XI. Senats v. 31.03.1992[98] hat eine bemerkenswerte Abgrenzung der Risikospären getroffen:

Nicht jede Einflußnahme auf Konzeption und Durchführung des Konzeptes macht das Kreditinstitut zum Herrn des Anlagemodelles mit der Folge der Überschreitung der Kreditgeberrolle. Aufgrund der Sorgfaltspflichten als ordentliche Geschäftsleiter wird der Vorstand eines Kreditinstitutes vielfach schon deshalb in gewissem Umfang Einfluß auf die Projektkonzeption mit Blick auf deren Rentabilität, Finanzierbarkeit

---

93a Vgl. Rechtsprechungsnachweise bei *Canaris,* Bankvertragsrecht, aaO (Fn.2), Rdn. 105.

94 BGHZ 23, 222 (227).

95 *Canaris,* Bankvertragsrecht, aaO (Fn. 2), Rdn. 116.

96 *Canaris,* Bankvertragsrecht, aaO (Fn. 2), Rdn. 328, 330.

97 BGH WM 1990, 921 (922); BGH ZIP 1992,163 (164).

98 WM 1992, 901 = EWiR § 276 BGB 7/92 m. Anm. *von Stebut.*

und Vermarktungsfähigkeit nehmen, um das Kreditengagement hinreichend abzusichern. Um eine positive Kreditentscheidung fällen zu können, muß das Kreditinstitut von der Machbarkeit des Projektes und damit auch von der hinreichenden Absicherung aus sich selbst heraus überzeugt sein.

Solche Einflußnahmen unter dem Gesichtspunkt des prudent banking führen nicht zu einem Exzeß der Kreditgeberfunktion. Nur dann, wenn das Kreditinstitut zu der „beherrschenden Figur des gesamten Anlagemodelles" in der Planungsphase wird, wie der BGH in einer Entscheidung v. 28.04.1992 ausgeführt hat, und damit Initiator, Bauträger oder Prospektherausgeber nicht mehr eigenständige Entscheidungen fällen können[99], kann von einer Überschreitung der Rolle als Kreditgeber gesprochen werden.

(2) Zu dem Kriterium „Konkreter Wissensvorsprung der Bank" hat die Rechtsprechung, insbesondere für die Immobilienfinanzierung, im wesentlichen zwei haftungsrelevante Fallgruppen entwickelt:

Einmal geht es um die Fälle, in denen die Bank bei Kreditgewährung an die einzelnen Zeichner weiß, daß der Initiator oder Gesellschaften aus seiner Gruppe bzw. andere Beteiligte, z.B. der Bauträger, vor der Zahlungsunfähigkeit stehen und die Kreditgewährung an die Anleger letztlich nur dazu dient, Altschulden gegenüber dem Kreditinstitut zurückzuführen.[100]

In der anderen Fallgruppe hat die Bank Kenntnis von versteckten Mängeln des Projektes, oder von speziellen Nachteilen und Risiken (z.B. vorzeitiger Baubeginn trotz nicht geschlossener Bauherrengemeinschaft oder erhebliche Überzeichnung des Anlageprojektes), die dem Anleger nicht bekannt sind, oder sie weiß, daß in den Werbeunterlagen enthaltene Angaben über die Mieteinnahmen und die Rentabilität des Projektes falsch sind[101].

Die Rechtsprechung wird darauf zu achten haben, daß bei der zweiten Fallgruppe nicht Aufklärungspflichten der Banken über jeden dem Investor unbekannten Mangel bzw. jedes Risiko des Anlageprojektes statuiert werden und damit die funktionsbedingte Verantwortung anderer Vertragsbeteiligter zu Lasten der Banken verschoben oder der

99 ZIP 1992, 990.

100 BGH ZIP 1992, 163ff; BGH WM 1991, 85; BGH WM 1986, 700; BGH WM 1985, 86; BGH WM 1978, 896.

101 *Vortmann,* aaO (Fn. 1), S.64; *von Heymann,* aaO (Fn. 13), S.142ff.

Grundsatz der Eigenverantwortlichkeit für die Investitionsentscheidung zu weitgehend außer Acht gelassen wird. Es ist daran zu erinnern, daß es sich bei den betroffenen Kundengruppen um am Wirtschaftsleben beteiligte Personen handelt, die aus eigener Sachkunde bzw. unter Einschaltung von Beratern in eigener Verantwortung Informationen über die Werthaltigkeit und Wirtschaftlichkeit des Anlageobjektes einholen können und für die eigene Aufklärungs- und Nachforschungsobliegenheiten bestehen.[102]

Zu Recht hat daher der BGH mit Urteil v. 18.01.1992[103] entschieden, daß die Bank gegenüber Kreditinteressenten nicht verpflichtet ist, sich durch gezielte Auswertung ihr zugänglicher Unterlagen oder durch Nachforschungen einen Wissensvorsprung zu verschaffen. Ebensowenig hat die kreditgebende Bank ihr angebotene Sicherheiten und die Folgen einer Sicherheitenbestellung im Kundeninteresse zu prüfen (hier Steuer- und Zulagen-Schädlichkeit der Abtretung der Rechte aus einer Lebensversicherung unter Außerachtlassung der 12-jährigen Sperrfrist).[104]

Außerhalb der Finanzierung von Immobilienanlagen bestehen Aufklärungspflichten der Bank gemäß ihrer Funktion als Financier in Bezug auf den Kreditvertrag und dessen Konditionen z.B. über die Nachteile bei Umschuldungen[105], die speziellen Risiken eines sogenannten Idealkredites[106] oder einer Verbindung von Darlehen und Kapitallebensversicherung[107]. In diesen Fällen hat die Rechtsprechung die Statuierung von Aufklärungspflichten mehrfach als Auffangtatbestand herangezogen, sofern das Ergebnis des Zinsvergleiches nicht ausreichte, um die Voraussetzungen des §138 Abs. 1 BGB zu bejahen. Selbst wenn der Darlehensvertrag wegen Verstoßes gegen §56 Abs. 1 Nr. 6 GewO nichtig ist, kann eine Pflicht zur Aufklärung über die wirtschaftlichen Risiken des Anlageprojektes (Darlehen zur Beteiligung an Optionsgeschäften) verletzt sein.[108]

Gerade diese Fälle zeigen, daß ungeachtet der Grundaussage, wonach die Bank den Interessenten in der Regel nicht vor gefährlichen Kredit-

---

102 Hierzu OLG Stuttgart WM 1989, 775ff.
103 WM 1992, 602.
104 BGH ZIP 1992, 757.
105 BGH ZIP 1991, 299.
106 BGH WM 1991, 179.
107 BGH WM 1989, 665; BGH WM 1990, 918.
108 BGH WM 1992, 1355 (Null-Einsatz-Vorsorge-Programm).

geschäften zu warnen hat[109], die Kreditinstitute den Kunden dennoch auf die Nachteile und Risiken der von ihnen angebotenen neuen Finanzprodukte hinzuweisen haben, um Schadensersatzansprüche wegen Unterlassung von Aufklärungspflichten zu vermeiden.[110]

Auch hier sollte die Rechtsprechung im Interesse einer gewissen Konstanz der Wertungsgesichtspunkte darauf achten, die Aufklärungspflichten nicht zu weit zu Lasten der Banken auszudehnen und den Kunden von eigenen Nachforschungsobliegenheiten in Bezug auf die Ermittlung und den Vergleich von Kreditkonditionen zu sehr freizustellen, obgleich auch dieser Kundenkreis die Beratung durch Verbraucherschutzorganisationen etc., die auf diese Fragen spezialisiert sind, in Anspruch nehmen kann.

cc) Geld- und Vermögensanlagegeschäfte

Die Funktionen der Kreditinstitute im Rahmen der Vermögensanlage sind gekennzeichnet durch

- einen differenzierten Grad an Interessenwahrnehmung je nach Geschäftstypus unabhängig davon, ob das Institut als Vermittler oder Eigenhändler (Verkäufer) auftritt,
- Vermarktung eigener und vertriebsfremder Finanzprodukte,
- Abschluß unterschiedlicher Dienstleistungsgeschäfte (isolierte Effektenumsatzgeschäfte, Kaufverträge über sonstige Vermögensanlagen, Abschluß von Beteiligungsverträgen, Anlage- und Vermögensberatung, Vermögensverwaltung etc.) mit differenzierter Beratungsintensität,
- hohe Produktinnovationsfähigkeit (Kombinationsprodukte, z.B. Anleihen mit modifizierten Tilgungswahlrechten, Kombizinsanleihen) mit besonderem Aufklärungsbedarf bei neuen Produkten.

Je nach Geschäftstypus ist die Intensität der Interessenwahrnehmung unterschiedlich ausgestaltet:

(1) Der Kunde, der von sich aus der Bank einen Effektenauftrag erteilt, ohne erkennen zu geben, daß er auf eine Beratung Wert legt, ist über die generellen Risiken des von ihm getätigten Geschäftes nicht aufklärungs-

109 BGH ZIP 1991, 90.
110 So auch *von Stebut,* ZIP 1992, 1698 (1702).

bedürftig. Wer ein solches Geschäft in eigener Initiative und Verantwortung tätigt, ohne aufgrund einer Empfehlung oder Beratung des Kreditinstitutes dazu veranlaßt zu sein, kann die aus dem Geschäft resultierenden Risiken nicht nachträglich auf die Bank abwälzen. Eine Ausnahme ist vor allem für den Fall einzuräumen, daß das Kreditinstitut im Zeitpunkt der Entgegennahme des Effektenauftrages Kenntnis von der Zahlungseinstellung bzw. dem unmittelbar bevorstehenden wirtschaftlichen Zusammenbruch des Unternehmens hatte. Hier wird man das Kreditinstitut für verpflichtet erachten, von sich aus den Kunden ungefragt über dieses Risiko aufzuklären. Insofern ist die Erkennbarkeit des Informationsbedarfes entgegen *Breidenbach*[111] kein Kriterium für die Zurechnung des Pflichtenverstoßes über das Verschulden, sondern ein pflichtenbegründendes Element.[112]

(2) Intensiver gestaltet sind die Geschäftsbeziehungen im Rahmen eines Effektenumsatzgeschäftes, wenn dem Geschäft eine Beratung vorausgegangen ist und dem Kreditinstitut der Zweck der Wertpapieranlage (z.B. Rentencharakter) bekannt gewesen ist. Sofern in einem solchen Fall die Wertpapieranlage nur in einer möglichst sicheren, wenig spekulativen Form durchgeführt werden soll, bestimmt dies den Inhalt der Aufklärungs- und Beratungspflicht des Kreditinstitutes.[113] Ebenso muß die Bank, wenn sie dem Anlageinteressenten von sich aus hochspekulative ausländische Aktien empfiehlt, diesen unaufgefordert auf die sich daraus ergebenden Risiken aufmerksam machen.[114]

Im Anschluß an die Börseninformationsdienst-Entscheidung[115] ist auch für Banken anerkannt, daß ein Anlageberater, der bestimmte Aktien zum Kauf empfiehlt, eigene Ermittlungen anstellen muß und nicht ungeprüft die Empfehlungen anderer Personen übernehmen darf, vor allem darf er sich nicht auf solche Informanten verlassen, die als Beteiligte an der AG bei der Empfehlung ein eigenes Interesse haben.[116]

Andererseits bürdet die Empfehlung zum Kauf von Wertpapieren der Bank keine Erfolgshaftung auf: Empfiehlt die Bank den Kauf bestimmter Werte nach einem Börsencrash, so führt dies selbst dann nicht zu

111 *Breidenbach,* aaO (Fn. 1), S. 54.
112 Dazu auch *Heinsius,* aaO, S. 187.
113 Dazu LG Hannover ZIP 1992, 319.
114 LG Kassel EWiR § 676 BGB 4/85, 579 m. Anm. *Rümker.*
115 BGHZ 70, 356ff.
116 OLG Karlsruhe WM 1989, 1830 = WuB I G 4 – 2.90 m. Anm. *Häuser.*

einer Haftung aus Beratungsverschulden, wenn die Kurse danach weiter fallen, weil zu keinem Zeitpunkt eindeutig voraussehbar ist, in welche Richtung sich die Kurse entwickeln[117]. Insofern sind Kauf- oder Verkaufsempfehlungen, die auf der Einschätzung der zukünftigen allgemeinen Kursentwicklung basieren, ohne daß dem Kreditinstitut Verletzung von Nachforschungspflichten vorgeworfen werden kann, Börsentips zu Spekulationszwecken, bei denen nur geringe Anforderungen an die Aufklärungspflicht gestellt werden können.[118]

(3) Eine weitere Steigerung der Aufklärungspflicht gilt für Finanztermingeschäfte: Durch die Ausdehnung der außerordentlich weitgehenden Aufklärungspflicht für die Vermittler von Warenterminoptionen auf die Vermittlung von Aktien- und Aktienindexoptionen geraten auch Kreditinstitute in das Fadenkreuz dieser Rechtsprechung, da zu ihren Funktionen auch die Vermittlung bzw. der Abschluß von börsenmäßigen Optionsgeschäften gehören. Das LG Berlin hat kürzlich ein Kreditinstitut wegen Verletzung der vorvertraglich geschuldeten und schriftlich durchzuführenden Aufklärungspflicht über die Bedeutung des Optionspreises, die unabhängig von der Unterzeichnung der Informationsschrift nach §53 Abs. 2 BörsG besteht, zum Schadensersatz verurteilt.[119]

Die Entscheidung erscheint aus mehreren Gründen bedenklich und sollte zu diesem Komplex nicht das letzte Wort der Rechtsprechung bilden:

Die beklagte Bank hatte eingewendet, der Aufschlag sei marktüblich. Hierüber hätte Beweis erhoben werden müssen. Marktübliche Gebühren können auch ohne vertragliche Vereinbarung gefordert werden (§§676, 612 Abs. 2 BGB); dann erscheint eine gesonderte Aufklärung hierüber um so mehr entbehrlich. Das LG hat ferner in Anlehnung an die vom BGH zum Telefonvertrieb von Termingeschäften statuierte Schriftform für die Aufklärung ebenfalls das Schriftformerfordernis zugrunde gelegt. Dies ist rechtlich wegen des Grundsatzes der Formfreiheit problematisch; auch die Gesetzesbegründung zur Börsengesetznovelle 1989 geht davon aus, daß zusätzliche Warn- und Aufklärungspflichten in mündlicher Form erfüllt werden können.[120] Sollten

117 OLG Frankfurt WM 1990, 1452 = EWiR § 53 BörsG 1/90, 1085 m. Anm. *Vortmann.*

118 *Vortmann,* aaO (Fn. 1), S. 159; OLG Köln WM 1989, 402.

119 WM 1992, 93ff.

120 BT-Drucks. 11/4177, S. 19.

sich die vom LG zugrundegelegten Anforderungen durchsetzen, müßten bei der Deutschen Terminbörse erheblich weitergehende Risikohinweise als bisher eingeführt werden.[121]

(4) Weitgehende Sorgfaltspflichten treffen das Kreditinstitut auch, wenn es bestimmte Vermögensanlagen in seine Anlageinformationen aufgenommen hat. Der Kunde kann davon ausgehen, daß die Bank das ihm überlassene Informationsmaterial zumindest auf Plausibilität geprüft hat.[122] Hier wird – ebenso wie bei der börsengesetzlichen und der von der Rechtsprechung entwickelten zivilrechtlichen Prospekthaftung – die Nähe zur Produzentenhaftung insofern deutlich, als gehaftet wird für das schuldhafte Inverkehrbringen eines (fehlerhaften) Finanzproduktes.

(5) Als Fazit ist festzuhalten, daß Aufklärungs- und Beratungspflichten differenziert zu begründen sind nach

- dem Grad der Interessenwahrnehmung nach Maßgabe des jeweiligen Geschäftstypus,
- dem Risikogehalt des Anlageobjektes, je nachdem ob es sich um börsennotierte oder im Telefonverkehr gehandelte in- oder ausländische Wertpapiere, Optionsgeschäfte (börsennotierte oder im sogenannten OTC-Markt gehandelte Optionen) aller Art oder sonstige nicht wertpapiermäßig verbriefte Vermögensanlagen handelt,
- der Intensität der Einschaltung des Kreditinstitutes bei dem Abschluß des Geschäftes.

Gegenläufige Kriterien sind

- Aufgeklärtheit des Anlegers, und zwar kraft beruflicher Position, z.B. institutionelle Anleger, oder aufgrund einschlägiger Vorerfahrungen,
- Einbindung des Anlegers, insbesondere in die Erstellung, Konzeptionierung oder Vermittlung des in Rede stehenden Finanzproduktes,
- eigene Initiative des Kunden für die Anlageentscheidung ohne vorangegangene Beratung durch die Bank,
- allgemeine Verfügbarkeit der relevanten Informationen.

---

121 Zu dem Komplex auch *Drygala* in Anm. zu LG Berlin EWiR § 53 BörsG 1/92, 263ff.

122 BGH ZIP 1987, 500.

e) Sonstige Kriterien

aa) Intensität der Geschäftsbeziehungen

Das von *Hopt*[123] genannte Element, Intensität der gegenseitigen Beziehungen dürfte mit der Festlegung des Funktionskreises, innerhalb dessen das Kreditinstitut tätig wird, dem Grad der Interessenwahrnehmung oder der Inanspruchnahme persönlichen Vertrauens hinreichend erfaßt sein. Soweit mit diesem Element die Dauer der Geschäftsbeziehung erfaßt werden soll, erscheint dies zweifelhaft. Auch der Einmalkunde einer Bank kann eine ebenso professionelle Beratung erwarten wie der Stammkunde[124].

bb) Absprache zwischen Bank und Kunde

Absprachen zwischen Bank und Kunden, ein weiter von *Hopt*[125] erwähntes Merkmal, intensivieren und konkretisieren im Einzelfall die Aufklärungs- und Beratungspflichten. Es ist denkbar, daß infolge solcher Abreden die Beratung als Hauptleistung geschuldet und damit eine selbständig einklagbare Verpflichtung wird, z.B. wenn sich ein Kunde wegen einer Beratung bei der Anlage einer Erbschaft an seine Bank wendet.[126] Ebenso ist möglich, daß eine Aufklärung und Beratung nebenvertraglich geschuldet wird, wie z.B. bei der Effektenkommission (§§383ff HGB) als auch bei dem Eigengeschäft (§§373ff HGB). Auch die begonnene Geschäftsverbindung ist nach der Rechtsprechung Basis für Aufklärungspflichten.[127]

Ein Rekurs auf den „allgemeinen Bankvertrag" zur Begründung von Aufklärungs- und Beratungspflichten nach Vertragsgrundsätzen erscheint entbehrlich.[128]

---

123 Kapitalanlegerschutz, aaO (Fn. 12), S.421.

124 Ebenso *Vortmann,* aaO (Fn. 1), S.13; Roth (Fn. 1), § 12 Rdn. 20.

125 Kapitalanlegerschutz, aaO (Fn. 12), S.420.

126 BGH WM 1973, 164ff; vgl. ferner BGH WM 1972, 281ff.

127 BGH WM 1976, 630 (631); BGH WM 1967, 1077 (1078); dazu auch *Schwark,* ZHR 151 (1987) 325 (329).

128 *Heinsius,* ZHR 145 (1981) 177 (182); *Schwark,* aaO (Fn 127), 330; *Roth,* aaO (Fn. 1), § 12 Rdn. 5; kritisch auch *Canaris,* Bankvertragsrecht, aaO (Fn. 2), Rdn. 1ff.

cc) Schutzverzicht

Das von *Hopt* ferner aufgeführte Kriterium „Schutzverzicht“ ist insofern von Bedeutung, als die Bank zwar eine hinreichend deutliche Risikoaufklärung schuldet, z.B. bei einer Effektenberatung, jedoch nicht verpflichtet ist, den omnimodo facturus mit allen Mitteln vom Abschluß eines Spekulationsgeschäftes abzuhalten.[129]

Die Haftungsbegrenzung in den bis zum 31.12.1992 geltenden Fassungen Nr. 10 Abs. 3 AGB Banken bzw. Nr. 16 Abs. 4 AGB Sparkassen gilt nicht für das Unterlassen von Aufklärungs- und Beratungspflichten, die der Bank aus einer mit dem Kunden bestehenden Geschäftsverbindung entstehen. Dies hat der BGH kürzlich für das Verschulden bei Vertragsverhandlungen bei einer leicht fahrlässig erteilten unrichtigen Auskunft (fehlerhafte Zuteilungsprognose einer Bausparkasse) entschieden[130]. Es handelt sich, wie *Hopt* schon 1975 ausgeführt hat, um nicht zur Disposition stehende Unternehmensverhaltenspflichten[131]. Die ab 01.01.1993 geltenden neuen AGB sehen eine Beschränkung der Haftung für Rat und Auskunft nicht mehr vor.

dd) Betriebliche und finanzielle Tragbarkeit

Die betriebliche und finanzielle Tragbarkeit ist ein in der Diskussion mehrfach verwendetes Kriterium zur Begrenzung von Inhalt und Umfang der Aufklärungs- und Beratungspflichten.[132]

In der Rechtsprechung hat dieses Element indirekt eine gewisse Bedeutung, als der BGH durch die Bestimmung der Aufklärungs- und Beratungspflichten nach Maßgabe der rollenbedingten Verantwortung der Bank eine Überspannung vertragsschlußbezogener Schutzpflichten mit entsprechenden finanziellen Auswirkungen auf die Gewinn- und Verlustrechnung der Kreditinstitute vermieden hat. Andererseits hat die Rechtsprechung sich auch nicht gescheut, Sorgfaltspflichten zu statuieren, wie z.B. die Pflicht einer Sparkasse zur Plausibilitätsprüfung der im

129 *Hopt,* Kapitalanlegerschutz, aaO (Fn. 12), S.423.

130 BGH WM 1991, 9; vgl. auch *Roth,* aaO (Fn.1), § 12 Rdn.38ff.

131 Kapitalanlegerschutz, aaO (Fn. 12), S.425; dazu auch *Vortmann,* S.24, 25; *von Stebut,* ZIP 1992, 1698 (1705).

132 *Hopt,* Kapitalanlegerschutz, aaO (Fn. 12), S.425; *Heinsius,* ZHR 145 (1981) 177 (188).

Rundschreiben der übergeordneten Landesbank aufgeführten Kapitalanlagen, die naturgemäß einen erheblichen zusätzlichen personellen und finanziellen Aufwand zur Folge haben.

Die Frage finanzieller und organisatorischer Zumutbarkeit hat besondere Bedeutung für die Anlageberatung, die zunehmend mit Angeboten von und Nachfrage nach ausländischen Wertpapieren konfrontiert ist und daher Informationsmaterial nicht nur aus der inländischen, sondern ggfs. auch der ausländischen Fachpresse auszuwerten hat, eine Frage, die bei der Anlageberatung in Bezug auf die Anleihen der insolvent gewordenen australischen Bond-Gruppe prozessual aktuell bedeutsam geworden ist.

In diesem Zusammenhang hat das LG Hannover[133] entschieden, die Lektüre der amerikanischen Financial Times müsse zum Standardwissen einer (größeren) Volksbank gehören. Nach OLG Braunschweig konnte dagegen der Anlageberater richtigerweise ohne eigene Nachforschungen von der Plausibilität des Börseneinführungsprospektes bezüglich der DM-Auslandsanleihe der Bond-Gruppe ausgehen.[134] Wenn demgegenüber das LG Frankfurt nunmehr den Börsenzulassungsprospekt für die DM-Bond-Anleihen für unvollständig i.S. des §45 Abs. 1 Satz 2 BörsG erachtet hat[135], insbesondere weil die Tatsache der kontroversen und überwiegend negativen Beurteilung der Bond-Gruppe in der australischen Fachpresse und das Down-Rating durch die Agentur Australian Rating nicht erwähnt gewesen sei, so steht dies der vorgenannten OLG-Entscheidung nicht unbedingt entgegen: Der Nachforschungsaufwand für die Erstellung eines Börsenzulassungsprospektes ist naturgemäß erheblich höher und intensiver zu veranschlagen als der Erkundungsaufwand einer Anlageberatung in Bezug auf ein Unternehmen, dessen Emission wenige Monate vorher aufgrund eines Börseneinführungsprospektes zum Börsenhandel im Inland zugelassen worden ist.

Zu Recht verneinen allerdings LG Freiburg[136] und OLG Karlsruhe[137] als Berufungsinstanz eine Verpflichtung der Bank, die für den Kunden in dessen Auftrag (spekulative) ausländische Wertpapiere erworben hat und diese verwahrt, den Kunden über nachträglich eingetretene Umstände zu unterrichten, die für die Kursentwicklung von Bedeutung sein

133 LG Hannover ZIP 1992, 319.
134 ZIP 1992, 1463 = EWiR § 276 BGB 14/92, 965 m. Anm. *Vortmann.*
135 WM 1992, 1768.
136 WM 1991, 279.
137 WM 1992, 577.

können (Reorganisationsmaßnahme). Die Verpflichtung der Bank beschränkt sich hier unter dem Gesichtspunkt betrieblicher und finanzieller Tragbarkeit auf die Mitteilung der in Nr. 5 der „Sonderbedingungen für Auslandsgeschäfte in Wertpapieren" genannten Maßnahmen (Konvertierungen, Ausübung oder Verwertung von Bezugsrechten etc.). Wünscht der Kunde eine weitergehende Betreuung seines Depots, mag er einen Portfolio-Vertrag mit Vereinbarung einer angemessenen Gegenleistung abschließen.

Hier wird sichtbar, wie sehr Inhalt und Umfang von Aufklärungs- und Beratungspflichten von der jeweils wahrgenommenen Funktion des Kreditinstituts abhängen und wie sich dieser Aspekt mit dem Kriterium betrieblicher und finanzieller Tragbarkeit zur Begrenzung nachwirkender Schutzpflichten verbindet.

Die Beschränkung der Börsenprospekthaftung (§45 BörsG) zu Gunsten der Erwerber junger Aktien, die aufgrund eines Börsenprospektes zum Börsenhandel zugelassen werden unter Ausschluß der Erwerber von alten Aktien, selbst wenn alte und junge Aktien der gleichen Gattung nach der Kapitalerhöhung gemeinsam gehandelt werden, erklärt sich ebenfalls aus dem Gesichtspunkt der finanziellen Tragbarkeit.[138]

ee) Schutzzweck der verletzten Norm

Dieses Kriterium ist nicht für die Begründung einer Haftung, wohl aber für den Haftungsumfang bedeutsam. Der BGH hat kürzlich entschieden, daß der Schutzzweck der verletzten Norm auch den Haftungsumfang bei der Verletzung von Beratungs- und Auskunftspflichten im Rahmen vorvertraglicher Schuldverhältnisse begrenzt.[139] Konkret bedeutet dies, daß die Unvollständigkeit einer Auskunft die Beklagte nicht verpflichtet, für alle Schäden aufzukommen, sondern nur für die Risiken, für deren Einschätzung die erbetene Auskunft maßgebend war.

---

138 BGH NJW 1982, 2827; NJW 1986, 837 (840).
139 WM 1992, 133 = EWiR § 249 BGB 3/92 m. Anm. *Büttner.*

f) Ausblick auf EG-Recht Vorschlag für eine Richtlinie des Rates über Wertpapierdienstleistungen

Die Richtlinie des Rates über Wertpapierdienstleistungen[140] sieht in Art. 11 vor, daß dic Mitgliedstaaten Wohlverhaltensregeln vorsehen, welche die Wertpapierfirmen einzuhalten haben.

Dazu zählen u.a. die Pflicht der Wertpapierfirmen,

- im bestmöglichen Interesse ihrer Kunden und der Integrität des Marktes zu handeln,
- ihre Tätigkeit mit der gebotenen Sorgfalt auszuüben,
- sich um die Vermeidung von Interessenkonflikten zu bemühen,
- von ihren Kunden Angaben über ihre finanzielle Lage, ihre Erfahrung mit Wertpapiergeschäften und ihre Zielvorstellungen zu verlangen,
- bei den Verhandlungen mit ihren Kunden alle zweckdienlichen Angaben in geeigneter Form zu machen.

Art. 11 ist nach Art. 2 Abs. 1 auch auf Kreditinstitute mit Wertpapiergeschäft anwendbar. Er reflektiert im wesentlichen den Standard der vertragsschlußbezogenen Informations- und sonstigen Verhaltenspflichten, wie er sich nach geltendem Recht für Geld- und Vermögensanlagen darstellt.

Damit wird die Pflicht zur Erteilung eines anlegergerechten Rates konkretisiert. Bemerkenswert ist die Statuierung einer Nachforschungspflicht der Wertpapierfirma in Bezug auf die finanzielle Lage des Kunden, Erfahrung mit Wertpapiergeschäften etc. Mag eine solche Beratungsintensität noch im mündlichen Kundengespräch vertretbar sein, erscheint dies eine Überspannung, wenn der Kunde lediglich Aufträge erteilt, ohne auf eine Beratung Wert zu legen. Weitergehende Verpflichtungen wie etwa eine Pflicht zur dauerhaften Depotüberwachung können daraus nicht abgeleitet werden. Die Aufklärungspflichten beziehen sich auf den Zeitpunkt der Verhandlungen, ohne daß daraus nachwirkende Aufklärungspflichten abzuleiten wären. Im übrigen wird die Umsetzung und Konkretisierung in nationales Recht abzuwarten sein.

---

140 ABl. EG 22.02.1989, C 43/7; geänderter Vorschlag ABl. EG 22.02.1990, C 42/7.

4. Anwendung des beweglichen Systems auf die Bestimmung der Aufklärungspflichten der Bank bei der Emission und dem Vertrieb von Schuldverschreibungen mit Tilgungswahlrecht in Aktien

Ein neues Wertpapierprodukt ist die etwa Mitte 1991 entwickelte Teilschuldverschreibung mit Wahlrecht des Emittenten, die Anleihe statt durch Rückzahlung zum Nennwert auch durch Lieferung von in den Anleihebedingungen festgelegten börsennotierten deutschen Aktien, die im DAX (Deutscher Aktien-Index) enthalten sind, zu tilgen. Aus dem Verhältnis von Nennbetrag der Teilschuldverschreibung zur Anzahl der wahlweise zu liefernden Aktien errechnet sich ein bestimmter Kurs je nach Aktie (Basiskurs), der üblicherweise unter dem Marktkurs der Aktie im Zeitpunkt der Emission liegt.

Der Anleihegläubiger ist bei wirtschaftlicher Betrachtung neben seiner Funktion als Darlehensgeber auch Verkäufer einer Verkaufsoption bezogen auf die zur Tilgung vorgesehenen Aktien. Anders ausgedrückt hat der Emittent eine put option in Bezug auf die Aktien, die er realisieren wird, wenn der Marktkurs der Aktie bei Endfälligkeit unter dem Basiskurs liegt. Zum Ausgleich dieses Risikos für den Anleger ist der Anleihezins gegenüber dem Zinssatz für Anleihen mit vergleichbarer Laufzeit ohne Tilgungswahlrecht zwischen 1 % und 2 % höher angesetzt.

Eine solche Anleihe mit Tilgungswahlrecht enthält für den Investor drei Risiken, die bei der Anlageentscheidung ins Kalkül gezogen werden müssen:

- Tilgungsrisiko
  Der Emittent wird die Anleihe durch Lieferung der Aktien tilgen, wenn bei Endfälligkeit der Marktkurs der Aktie unterhalb des Basiskurses liegt. In diesem Fall hat der Anleger je nach aktuellem Kursstand in dem erhöhten Anleihezins noch ein Äquivalent oder er erleidet einen Verlust in seinem Nominalkapital, der nicht mehr durch den erhöhten Zinssatz gedeckt ist.
- Kursrisiko der Anleihe
  Der Marktkurs der Anleihe wird durch die Entwicklung des allgemeinen Kapitalmarktzinses und die Kursbildung der als Tilgung vorgesehenen Aktie beeinflußt. Je weiter der Marktkurs der Aktie während der Laufzeit unter den Basiskurs sinkt und je kürzer die Restlaufzeit ist (diese Anleihen werden in einer Summe getilgt), desto negativer wird der Kurs der Aktie berührt.

- Risiko einer eingeschränkten Marktgängigkeit
  Je stärker der Marktkurs der Aktie unter den Basiskurs fällt, um so mehr wird mangels Marktnachfrage die generelle Fungibilität der Anleihe eingeschränkt, zumal auch für den Emittenten wenig Anlaß zur Marktpflege bestehen wird.

Wirtschaftlich weist die Anleihekonstruktion Ähnlichkeit mit einem Aktien-Optionsgeschäft auf. Dennoch sind die Vorschriften der §§50ff BörsG nicht anwendbar, da der Kauf der Schuldverschreibungen mit Tilgungswahlrecht ein Kassageschäft ist. Das Tilgungswahlrecht regelt lediglich die Modalitäten der Rückzahlung und damit eine reine Abwicklungsverpflichtung. Im übrigen weisen solche Geschäfte auch keine Beziehung zu einem Terminmarkt auf. Es besteht keine Möglichkeit für den Erwerber solcher Stücke, deckungsgleiche Gegengeschäfte abzuschließen.[141]

Börsentermingeschäftsfähigkeit i.S. des §53 Abs. 2 BörsG durch Unterzeichnung der Risikoinformationsschrift ist daher für den wirksamen Erwerb solcher Teilschuldverschreibungen nicht erforderlich. Zur Geltung von Aufklärungs- und Beratungspflichten gilt folgendes:

Mit Blick auf die neuere Rechtsprechung des XI. Senats des BGH[142] haben die Banken auf eventuelle Nachteile und Risiken des von ihnen angebotenen neuen Finanzproduktes hinzuweisen, wenn sie Schadensersatzansprüche wegen Verletzung von Aufklärungspflichten vermeiden wollen.

Die vorgenannten Risiken sind in den neueren Produktinformationen der Emittenten bzw. den Börsenprospekten hinreichend beschrieben.[143]

---

141 Dazu im einzelnen *Rümker,* Anleihen mit Tilgungswahlrechten des Emittenten, FS Beusch, erscheint 1993.

142 Nachweise BGH ZIP 1991, 301.

143 Als Beispiel ist zu nennen: Informationsmemorandum v. 25. 09. 1991, Trinkaus & Burkhardt DM 50.000.000, – 11 % Inhaber-Teilschuldverschreibungen von 1991/1994, Serie 17, S.2:
„Wenn der Marktkurs der Aktien bei Endfälligkeit der Anleihe unterhalb des Basiskurses liegt, wird die Anleiheschuldnerin voraussichtlich ihr Recht, die Anleihe durch Lieferung von Aktien zu tilgen, ausüben. Das Verlustrisiko der Anleihegläubiger liegt somit in der Differenz zwischen dem Basiskurs und dem – niedrigeren – Marktkurs der Aktie. Die Anleihegläubiger können ihre Teilschuldverschreibungen während der Laufzeit grundsätzlich

Im Rahmen einer Anlageberatung wird das Kreditinstitut den Anleger auf die genannten Risiken, die sich aus der Kombination einer festverzinslichen Mittelanlage mit den Elementen eines Aktientermingeschäftes ergeben, hinzuweisen haben. Der Hinweis auf die evtl. Nachteile und die Überlassung eines Börsenprospektes oder Produktmemorandums mit der Beschreibung der Risiken reicht für eine Beratung de lege artis aus.[144]

Erteilt ein Anleger seinem Kreditinstitut einen Kaufauftrag ohne vorherige Beratung oder Information in Anspruch zu nehmen, so hat er die daraus resultierenden Risiken selbst zu tragen. Er hatte die Möglichkeit, den vom Emittenten herausgegebenen Börsenprospekt bzw. das Produktmemorandum, das in zutreffender Weise die Risikolage beschreibt, anzufordern. Zudem ist bei einem solchen Effektenumsatzgeschäft für das Kreditinstitut die evtl. Aufklärungsbedürftigkeit auch nicht erkennbar. Im Falle des Konkurses der börsennotierten AG, deren Aktien wahlweise geschuldet werden, beschränkt sich gemäß §265 BGB das Wahlschuldverhältnis auf die Tilgung zum Nennwert, so daß der Anleger keinen Schaden erleiden würde und insoweit auch nicht aufklärungsbedürftig erscheint. Immerhin ist eine Aufklärung über das Insolvenzrisiko insoweit zu erwägen, als die AG in ein (Quoten-) Vergleichsverfahren geraten kann und die Aktien insoweit eine Wertminderung erfahren können, ohne daß das Wahlrecht des Emittenten dadurch formal beseitigt würde. Da es sich bei den börsennotierten Aktien um erstklassige im DAX enthaltene Standardaktien handelt, erscheint das Risiko mehr theoretischer Natur. Das Insolvenzrisiko des Emittenten ist nämlich ein bei jeder Wertpapieranlage bestehendes Grundrisiko, über das keine gesonderte Aufklärung geschuldet wird.

---

jederzeit über die Börse veräußern. Hierbei muß jedoch berücksichtigt werden, daß der jeweilige Marktkurs der Anleihe nicht nur durch Änderungen des Kapitalmarktzinses für vergleichbare Laufzeiten, sondern auch durch die Wertentwicklung der Aktien beeinflußt wird. Im Falle eines eingetretenen oder erwarteten Kursrückganges der Aktien besteht die Gefahr, daß sich der Marktkurs der Anleihe gleichfalls vermindert und die Marktgängigkeit der Anleihe eingeschränkt ist. Das Risiko eines deutlichen Kursrückgangs ist um so größer, je weiter der Marktkurs der Aktien unter dem Basiskurs liegt und je geringer die Restlaufzeit der Anleihe ist."

144 Dazu auch *Roth,* aaO (Fn. 1), § 12 Rdn. 33, 34.

5. Fazit

Die aufgeführten Elemente eines beweglichen Systems erscheinen geeignet, im jeweils zu entscheidenden Einzelfall in ihrem Zusammenspiel Aufklärungspflichten nach Inhalt und Umfang zu begründen. Die einzelnen Variablen, die sich aus objektiven und subjektiven Elementen zusammensetzen, begründen für sich gesehen oder in ihrer Gesamtheit ein hinreichendes Maß an Rechtssicherheit, Wertungskonstanz und Prognostizierbarkeit für die Erfassung der vorvertraglichen Informationsschutzpflichten im Rahmen der diversen bankgeschäftlichen Tätigkeiten.

Einleitende Bemerkungen zur Diskussion (1)

Herbert Schimansky
Vorsitzender Richter am Bundesgerichtshof, Karlsruhe

Wir haben vor der Kaffeepause einen Überblick über die von der Rechtsprechung entwickelten Aufklärungs-, Warn- und Beratungspflichten der Kreditinstitute erhalten – einmal aus der Sicht der Wissenschaft, zum anderen aus dem Blickwinkel der Praxis, wobei man der Deutlichkeit halber immer wieder sagen muß, daß die Praxis im wesentlichen – nicht nur hier beim Bankrechtstag – durch die Kreditinstitute vertreten wird und die Interessen der Bankkundschaft allenfalls durch eine kleine Zahl von – zugegeben nicht gerade schüchternen – Wissenschaftlern artikuliert werden.

Die einleitenden Bemerkungen zu der nun folgenden Diskussion sollen kein Koreferat aus der Sicht der Rechtsprechung bilden. Ich will deshalb weder Schwerpunkte setzen noch einzelne Aspekte näher ausleuchten. Lassen Sie mich stattdessen kurz auf die Rolle eingehen, die uns als Richtern in diesem Bereich zufällt.

Wenn man sich das, was da von den beiden Referenten aufgearbeitet worden ist, vergegenwärtigt, könnte man den Eindruck gewinnen, die Rechtsprechung sei fortwährend damit beschäftigt, auf diesem für das Richterrecht besonders lohnenden Gebiet neue Pflichten für die Kreditwirtschaft zu erfinden. Natürlich liegt das an dem den Referenten gestellten Thema. Wer über die Mängelhaftung zu sprechen hat, braucht nicht immer wieder hervorzuheben, daß sie im Waren- und Dienstleistungsverkehr nur ausnahmsweise akut wird. Was die Aufklärungspflichten der Banken angeht, tun im übrigen ja die Gerichte selbst schon alles, um einem falschen Eindruck entgegenzuwirken: Jedes Urteil, in dem eine Aufklärungs-, Warn- oder Beratungspflicht angenommen wird, beginnt – gleichsam beschwichtigend – mit der durch umfangreiche Zitate belegten Beteuerung, daß solche Pflichten nur ganz ausnahmsweise bestehen.

Betrachtet man die Fülle der hier vor uns ausgebreiteten Entscheidungen, dann könnte man solche Beteuerungen für bloße Lippenbekenntnisse halten. Sie sind es nicht. Was den Bundesgerichtshof angeht, wird die weit überwiegende Zahl von Revisionen durch Nichtannahmebeschlüsse erledigt. Wenn wir diese Beschlüsse begründen würden, gäbe es eine überaus reichhaltige Kasuistik zur Verneinung solcher Pflichten, die die bejahenden Entscheidungen in den Hintergrund drängen würden. Es gehört zu unserem täglichen Brot, Versuche von Kreditnehmern abzuwehren, über angebliche Aufklärungs- und Warnpflichten der Banken das wirtschaftliche Risiko der mit Krediten finanzierten Geschäfte bei einem Scheitern nachträglich auf das Finanzierungsinstitut abzuwälzen.

Dieser natürliche Drang, sich wirtschaftlicher Risiken zu Lasten anderer zu entledigen, ist andererseits keine spezifische Eigenschaft von Kreditnehmern. Lassen wir einmal die Sonderfälle der Aufklärungspflichten bei der Vermittlung von Spekulationsgeschäften oder beim Vertrieb bisher ungebräuchlicher Kreditmodelle außer Betracht. Dann betrifft ein großer Teil der gerade in jüngster Zeit entschiedenen Fälle, in denen Aufklärungspflichten von uns bejaht worden sind, Situationen, in denen Kreditinstitute hohe als uneinbringlich anzusehende Außenstände dadurch abzubauen trachteten, daß sie neue umfangreiche Bauprojekte ihrer an sich konkursreifen Großkunden finanzierten und das Insolvenzrisiko dann durch Kreditgewährung an Erwerber mit ausreichender Bonität auf viele Schultern verteilten. Bezeichnenderweise sind solche Vorgänge häufig Teil einer Geschäftspolitik, die dazu geführt hat, daß man sich von den dafür verantwortlichen Vorständen inzwischen „einvernehmlich“ getrennt hat oder dieser Mühe durch die Strafgerichte enthoben worden ist. Damit haben die Konsequenzen dann aber auch ihr Ende gefunden. Der neue Vorstand oder – was auch vorkommt – der Rechtsnachfolger des in eine wirtschaftliche „Schieflage“ geratenen Instituts will verständlicherweise dem relativ erträglichen personellen Opfer nicht noch schmerzliche finanzielle hinzufügen. So wird die Judikatur zu den Aufklärungs- und Warnpflichten immer wieder bereichert und der Eindruck erweckt, wir frönten dabei einem Hobby.

Aufklärungspflichten sind nach dem derzeitigen Stand der Rechtsprechung das Rezept der Wahl, um unerträgliche Risikoabwälzungen auf nichtsahnende Kunden zu bekämpfen. Man kann darüber streiten, ob man dafür nicht besser andere Rechtsinstitute bemühen sollte. Die Kreditwirtschaft kann sich aber wohl kaum beklagen: Die Verletzung von Aufklärungspflichten ist jedenfalls nichts Anstößiges, zumal man immer den Standpunkt vertreten kann, hier habe die Rechtsprechung wieder einmal die Anforderungen überspannt. Die Alternativen zur Statuierung von Aufklärungspflichten sind weit weniger anziehend: Man könnte jeweils Überlegungen dazu anstellen, ob die praktizierte Sanierung auf Kosten der Anleger im Einzelfall die Voraussetzungen des § 826 BGB erfüllt. Das Gros der Fälle, in denen Aufklärungspflichten angenommen worden sind, betrifft – wie erwähnt – Situationen, in denen das Kreditinstitut zugleich als Gläubiger des hochverschuldeten Geschäftsgegners mit diesem eine Schicksalsgemeinschaft bildete, die eigene, den Interessen des neuen Kreditnehmers zuwiderlaufende Ziele verfolgte. Die Palette reicht von der Kreditgewährung bei der Verwertung zutreffend als minderwertig eingeschätzter Sicherheiten bis zu dem Versuch, in der Realisierbarkeit höchst zweifelhafte Projekte zu vermarkten und sich über die Kreditgewährung an Anteilserwerber die kalkulierten Gewinne zu sichern, ohne eine Gewähr für die versprochene Gegenleistung zu übernehmen. Diese Interessenverquickung entspricht nicht mehr der Rolle der finanzierenden Bank, von der sich nicht nur der durchschnittliche Kreditnehmer, sondern – wie ich meine – auch die Kreditwirtschaft leiten läßt. Sie wird deshalb geflissentlich verschwiegen. Die Notwendigkeit, hier zu annehmbaren Ergebnissen, zu einem ausgewogenen Interessenausgleich zu kommen, könnte bei noch stärkerer Zurückhaltung bei der Bejahung von Aufklärungspflichten zu einer zusätzlichen Ausweitung des Anwendungsbereichs der Vorschriften über die unerlaubte Handlung führen. Damit wäre niemandem gedient – am wenigsten der Kreditwirtschaft.

Die Schwierigkeit für die Rechtsprechung liegt darin, bei der Bejahung wie bei der Verneinung von Warn- und Aufklärungspflichten das rechte Maß zu finden. Wir können uns die Fälle, mit denen wir befaßt werden, nicht aussuchen. Wir können uns auch nicht im voraus einen umfassenden Überblick über die möglichen Fallgestaltungen und damit über die Gesamtproblematik verschaffen und dann versuchen, eine allen Eventualitäten Rechnung tragende Gesamtkonzeption zu entwickeln. Andererseits wird von uns erwartet, daß wir nicht nur Einzelfallgerechtigkeit verwirklichen, sondern den Instanzgerichten, den Betroffenen und ihren Anwälten brauchbare Maßstäbe für künftige Fälle liefern. Da jeder neue Fall erfahrungsgemäß unerwartete Facetten liefert, hüten wir uns als Revisionsgericht, mehr zu entscheiden, als dies der konkrete Fall notwendig macht. Das läßt unsere Rechtsprechung nicht selten undogmatisch und – zumindest am Anfang einer Entwicklungslinie – unkalkulierbar erscheinen; aber wir sind nicht dazu da, Lehrbücher zu verfassen. Wir müßten sie ständig berichtigen.

Man trägt wenig zur Rechtssicherheit und zur Kalkulierbarkeit bei, wenn man Leerformeln erfindet. Sie mögen griffig erscheinen und deshalb gern zitiert werden; bei der Lösung im Einzelfall sind sie erst hilfreich, wenn sie mit Leben erfüllt werden. Als Beispiel für die Notwendigkeit, eingängige allgemein akzeptierte Formeln zu im Einzelfall wirklich brauchbaren Abgrenzungskriterien zu entwickeln, mag die sowohl bei Aufklärungspflichten als auch beim Einwendungsdurchgriff immer wieder gestellte Frage dienen, ob die Bank über ihre Rolle als Kreditgeber hinausgegangen ist. Sie gehört zum ständigen Repertoire in der üblichen Checkliste, hat aber bei näherem Zusehen lange Zeit überhaupt keine praktische Bedeutung gewonnen. Erst in jüngster Zeit haben wir Anlaß gehabt, ihr Konturen zu geben. Ich meine unser Urteil vom 31. März 1992[1]. Dort stellte sich die entscheidende Frage, bis zu welchem Punkt denn nun die finanzierende Bank gehen kann, ohne – um es einmal salopp zu sagen – als Kreditgeber aus der Rolle zu fallen. In unserem Fall hatte die Bank – jedenfalls nach dem für die Revisionsinstanz zu unterstellenden Sachverhalt – ziemlich massiv auf die rechtliche Gestaltung des zu finanzierenden Projekts Einfluß genommen, allerdings ersichtlich zur Wahrung ihrer eigenen Sicherungsinteressen. Wir haben die Auffassung vertreten, daß die Wahrung dieser Interessen durch die Bank zu ihren legitimen Aufgaben gehört und es für eine erweiterte Haftung nicht ausreicht, wenn die Zusammenarbeit mit dem Veräußerer die Grenzen dessen überschreitet, was bei der Finanzierung gleichartiger Projekte sonst für eine Bank üblich ist. Über ihre Rolle als Kreditgeber geht sie erst dann hinaus, wenn sie nach außen in Erscheinung tretend Funktionen des Veräußerers übernimmt. Nur wenn beide Voraussetzungen – Übernahme von Veräußerer-Funktionen und Kundgabe der Übernahme nach außen – erfüllt sind, muß sie auch den im jeweiligen Funktionsbereich geltenden Prüfungs- und Aufklärungspflichten nachkommen.

Das Urteil ist auch noch in anderer Beziehung von Bedeutung: Die Einflußnahme der kreditgebenden Bank auf die Planung des dann zu vermarktenden Projekts war auch unter dem Gesichtspunkt der Prospekthaftung relevant. Inzwischen ist es ja Allgemeingut, daß die Grundsätze der Prospekthaftung auch für Bauherren-, Erwerber- und ähnliche Kapitalanlagemodelle gelten, obwohl dem eine bisher nicht aufgegebene Entscheidung des XI. Zivilsenats[2] entgegensteht. Wir haben es offen gelassen, ob der Rechtsprechung des VII. Zivilsenats zu folgen ist. Jedenfalls rückt eine Bank, die nicht nach außen als Mitwir-

---

1 BGH WM 1992, 901.
2 BGH WM 1989, 1715 (1717).

kende an der Prospektgestaltung hervorgetreten ist und intern lediglich auf eine möglichst weitgehende – vor allem werthaltige – Absicherung ihres Kreditengagements hingewirkt hat, nach unserer Auffassung nicht schon deshalb haftungsmäßig an die Seite der Initiatoren und Prospektherausgeber.

Dagegen geht die Bank über ihre Rolle als reiner Kreditgeber hinaus, wenn sie sich in einem Prospekt über ein Bauherrenmodell als „Referenz" aufführen läßt. Das ist ungewöhnlich und weckt in dem Interessenten gesteigerte Erwartungen. Wer in dieser Weise seine Bereitschaft verbreiten läßt, sich über das Projekt günstig zu äußern, gibt zu erkennen, daß er eine Überprüfung vorgenommen hat. Diese Überprüfung kann, wenn es sich um ein Kreditinstitut handelt, nur eine bankübliche sein. Wir haben das in einem Urteil vom 16. Juni 1992[3] ausgesprochen. Dabei ist offen geblieben, ob diese Bereitschaft, als Referenz zu dienen, Prospekthaftungsfolgen auslösen könnte. Jedenfalls gegenüber Interessenten, die daraufhin in Kreditverhandlungen wegen einer Beteiligung an dem Bauherrenmodell mit der Bank in Verbindung treten, besteht eine Verpflichtung zur Aufklärung über Bedenken, die sich aus einer bankühlichen Prüfung der Prospektangaben und der Bonität der Initiatoren ergeben mußten.

3 BGH WM 1992, 1269.

Einleitende Bemerkungen zur Diskussion (2)

Dr. Herbert Messer
Rechtsanwalt beim Bundesgerichtshof, Karlsruhe

Inhaltsübersicht

I. Bedeutung der Aufklärungs-, Warn- und Beratungspflichten im wirtschaftlichen Umfeld

Nach Aufklärungs-, Warn- und Beratungspflichten der Kreditinstitute wird gefragt, wenn das kreditierte Geschäft entweder vollkommen gescheitert ist oder jedenfalls nicht den vom Kreditnehmer angestrebten Erfolg erbrachte. Die Gerichtsentscheidungen, die die Frage nach der Haftung der Kreditinstitute wegen des Scheiterns kreditierter Geschäfte aufwarfen, spiegeln mit der für die Justiz üblichen Verzögerung die Entwicklung unserer zu immer größerem Wohlstand größerer Bevölkerungsgruppen führenden Wirtschaft wieder. In den Sechziger und Siebziger Jahren ging es bei den finanzierten Geschäften um die Gründung von Existenzen[1] oder die Ermöglichung lukrativen Nebenerwerbs[2]. Die Rechtsprechung half als schutzbedürftig angesehenen Kreditnehmern – ohne Rücksicht auf Bildungsgrad und Geschäftserfahrung sowie Kaufgegenstand – durch Ausdehnung der zum finanzierten Abzahlungsgeschäft entwickelten Wohltat des Einwendungsdurchgriffs, Ausdehnung des Verbots der Vermittlung von Darlehensgeschäften im Reisegewerbe zur die Nichtigkeit der vermittelten Geschäfte begründenden Norm. Dem in den Siebziger und Achtziger Jahren gestiegenen Bedürfnis, Einkünfte vor den Auswirkungen der Steuerprogression zu bewahren, entspricht die Befassung der Rechtsprechung mit fehlgeschlagenen finanzierten Kapitalanlagegeschäften, insbesondere Geschäften zur Beteiligung an Abschreibungsgesellschaften oder zum Erwerb von Grundeigentum unter den verschiedensten steuergünstigen Erwerber- oder Bauherrenmodellen. Nichtigkeit von außerhalb der Bankräume vermittelten Geschäften oder Einwendungsdurchgriff nach dem Modell des finanzierten Abzahlungskaufs werden entsprechend dem typischerweise geringeren Schutzbedürfnis der betroffenen Kreditnehmer auf solche Geschäfte nicht angewendet[3]. Der Einwendungsdurchgriff wird nicht gewährt, es sei denn, die Bank hätte sich aktiv in Werbung oder Durchführung des Geschäfts eingeschaltet[4]. Umso mehr Eifer verwenden bei diesen Geschäften die von ihrem Partner getäuschten oder auch nur enttäuschten Kreditnehmer darauf, sich durch die Konstruktion von Aufklärungs- Warn- oder Beratungspflichten der Banken aus den Fesseln des eingegangenen Kreditverhältnisses zu befreien.

1 Kauf eines Selbstbedienungs-Waschsalons, BGH, Urt. v. 9.2.1978, NJW 78, 1427ff.

2 Aufnahme in das golden-products-Verkaufssystem mit Verpflichtung zur – finanzierten – Abnahme relativ wertloser Waren, BGH, Urt. v. 22.5. 1978, NJW 1978, 1970ff; BGH, Urt. v. 23.11.1978, NJW 1979, 868f.

3 BGH, Urt. v. 17.1.1985, WM 1985, 221; dazu *Hadding/Häuser,* WM 1984, 1430; *Hopt,* NJW 1985, 1665.

4 BGH, Urt. v. 12.7.1979, WM 1979, 1054ff; BGH, Urt. v. 25.4.1985, WM 1985, 993ff; vgl *von Heymann,* NJW 1990, 1137ff.

II. Die Entstehung von Aufklärungs- Warn- und Beratungspflichten

Die kreditgebende Bank muß den Darlehensnehmer grundsätzlich über die Risiken der von ihm beabsichtigten Verwendung des Darlehens nicht aufklären. Benötigt er den Kredit für ein Geschäft mit einem Vertragspartner, der ebenfalls Kunde der Bank ist, so muß sie ihn über dessen wirtschaftliche Verhältnisse nicht unterrichten, auch wenn sich daraus Risiken des zu finanzierenden Geschäfts ergeben. Aufklärungs- oder Warnpflichten sind Ausnahmefälle, die an ein im Einzelfall begründetes besonderes Aufklärungs- und Schutzbedürfnis des Kreditnehmers nach Treu und Glauben anknüpfen können, wobei Kreditnehmer, die steuersparende Anlagegeschäfte finanzieren wollen, besonders hohe Hürden für die Bejahung einer Schutzbedürftigkeit überwinden müssen, weil bei ihnen die notwendigen Kenntnisse und Erfahrungen oder die Heranziehung von Fachleuten unterstellt werden[5].

1. Konkreter Wissensvorsprung der Bank als wesentliche Voraussetzung für die Existenz von Aufklärungspflichten

Die Rechtsprechung des XI. Zivilsenats hat vier Fallgruppen herausgebildet, bei denen die Ausnahme einer im Einzelfall gegebenen Aufklärungs- oder Hinweispflicht der Bank vorliegen könne, nämlich[6]

a) Überschreitung der Rolle der Bank als Kreditgeberin im Zusammenhang mit Planung, Durchführung oder Vertrieb des Projektes,
b) Schaffung oder Begünstigung eines besonderen Gefährdungstatbestandes für den Kunden über das allgemeine wirtschaftliche Risiko des zu finanzierenden Projektes hinaus,
c) Eingehung eines schwerwiegenden Interessenkonfliktes oder
d) konkreter Wissensvorsprung über die speziellen Risiken des Projekts vor dem Darlehensnehmer.

Es ist offensichtlich, daß unter diesen Fallgruppen diejenige des konkreten Wissensvorsprungs vor dem Darlehensnehmer in Bezug auf die spe-

5 BGH, Urt. v. 13.11.1980, WM 1980, 1446 (1448); BGH, Urt. v. 24.4.1990, WM 1990, 920 (922).

6 BGH, Urt. v. 17.12.1991, WM 1992, 216ff.

ziellen Risiken des Vorhabens den Tatbestand bildet, der den weitesten Anwendungsbereich eröffnen kann, weil er am wenigsten an ausgeformte Handlungs- oder Unterlassungspflichten angeknüpft ist. Unter „Konkretem Wissensvorsprung in Bezug auf die speziellen Risiken des Vorhabens" könnte man jeden Fall einer wünschenswerten Aufklärungs-Warn- oder Beratungspflicht subsumieren, denn Existenz und Verletzung solcher Pflichten können naturgemäß nur dort eine Rolle spielen, wo der Bankkunde der Aufklärung, Warnung oder Beratung bedurfte – also von einem Wissens-Defizit betroffen war, dem ein ebensolcher Wissensvorsprung der Bank entspricht.

2. Qualität des erforderlichen Wissensvorsprungs

Da sich die grundsätzlich nicht bestehende Aufklärungspflicht ausnahmsweise aus dem konkreten Wissensvorsprung der Bank ergeben soll, muß über die Entstehung der Aufklärungspflicht die Qualität dessen entscheiden, was die Bank ihrem Kunden an Wissen voraus hat. Es muß sich um spezielle Risiken des zu finanzierenden Geschäfts handeln, die dessen Scheitern herbeiführen können.

a) Auf der Grenze zwischen allgemeinem Risiko des kreditierten Geschäfts, über das nicht zu belehren ist, und speziellem Risiko, über das die Bank belehren muß, steht der Fall „Vermögensbildung in Arbeitnehmerhand":[7]

Ein Unternehmen, das bei guter Auftragslage größeren Kredit benötigte, um sein Geschäft erweitern zu können, hatte seinen Kreditrahmen bei seiner Hausbank völlig erschöpft und konnte sich auch sonst nirgendwo das für die Geschäftsausweitung benötigte Kapital mehr beschaffen.

Es warb deshalb bei seinen Mitarbeitern um stille Einlagen, die von der Bank im Wege des Personalkredits den Mitarbeitern vorzufinanzieren waren und für die das Unternehmen Verzinsung und Rückzahlung zu übernehmen garantierte. Als das Unternehmen in Konkurs fiel und die Bank die Mitarbeiter auf Rückzahlung der Personalkredite in Anspruch nahm, setzten diese sich mit ihrem Einwand einer Schadensersatzverpflichtung wegen ungenügender Aufklärung über die besonderen Risiken des Geschäfts durch. Der BGH sah wegen der Zusammenarbeit der Bank mit dem Unternehmen und den Mitarbeitern im „Dreiecksgeschäft" eine Nähe zum finanzierten Abzahlungskauf und hielt des-

7 BGH, Urt. v. 8.6.1978, BGHZ 72, 92ff.

halb sowie wegen der Verknüpfung widerstreitender Interessen in der Person des Unternehmers, an denen die Bank beteiligt war, eine allgemeine Aufklärungspflicht für gegeben. Den aufklärungsbedürftigen Tatbestand erblickte er in dem Umstand, daß weder die Hausbank noch eine andere bereit waren, dem Unternehmen weiteren langfristigen Kredit zu gewähren, so daß die stillen Einlagen der Arbeitnehmer die einzige dem Unternehmen verbliebene Möglichkeit zur Kapitalbeschaffung bildete.

Es mag das Schutzbedürfnis der Kreditnehmer, die sich von Anlageinteressenten unterschieden, welche Einkünfte vor der Steuerprogression retten wollen, eine Besonderheit des Falles bilden.

b) Den Extremfall am anderen Rand des Spektrums bildet die Kenntnis der Bank von betrügerischen Aussagen im Prospekt des zukünftigen Geschäftspartners ihrer Kreditkunden über Sicherheit und Rentabilität des zu kreditierenden Geschäfts:[8]

Die den Erwerbern von Wohnungseigentum in Calgary grundbuchlich abgesicherte sowie weitere Personalkredite gewährende Bank wußte, daß von den vom Wohnungseigentums-Verkäufer den Erwerbern angepriesenen Mieteinnahmen, die Zins und Tilgung der Kredite decken sollten, nur gut 1/3 vereinbart und erzielbar war.

c) Zwischen diesen beiden Extremen liegen die Fälle, in denen als spezieller Gefährdungstatbestand, über den Kreditnehmer von ihrer Bank unterrichtet werden könnten, nur ein mehr oder weniger dringendes Kreditbedürfnis des Geschäftspartners in Betracht kommt.

Ist das Kreditbedürfnis so hoch und dringend, daß es den Geschäftspartner veranlaßt, in Auszahlungsanweisungen an Stelle der im Vertragswerk vorgesehenen Auszahlung der Valuta an einen Treuhänder nunmehr sein eigenes Konto einzusetzen, so wird die Bank auf die Veränderung der Zahlungsadresse und die daraus den Kreditnehmern drohende Gefahr, die sie erkannt hat, hinweisen müssen[9].

Fließt der für den Erwerb von Wohnungseigentum im Bauherrenmodell aufzunehmende Kredit an einen Bauträger, der das den Kreditnehmern zu übertragende Grundstück mit einer Grundschuld belastet hatte, die nach der Sicherungsabrede mit der Bank auch für erhebliche Altschulden desselben Bauträgers aus einem gescheiterten früheren Objekt haftete, so begegnet die Annahme, die Bank habe ihren konkreten Wissensvorsprung über den Zweck des Kreditgeschäfts

---

8 BGH, Urt. v. 1.6.1989, WM 1989, 1364ff.
9 BGH, Urt. v. 25.4.1985, WM 1985, 993ff.

erheblich gefährdende Umstände offenbaren müssen, ebenfalls keinen Bedenken[10].

d) Wie aber ist die Frage nach Aufklärung zu beantworten, wenn der Wissensvorsprung der Bank sich nur darauf bezieht, daß der vorgesehene Geschäftspartner ihres Kreditkunden, ebenfalls ihr Kreditnehmer, außerdem in erheblichem Maße verschuldet und daß die Zahlung ihres Kreditnehmers auf ein bei ihr debitorisch geführtes und überzogenes Konto des Geschäftspartners zu leisten sei, wo sie wegen der von der Bank beabsichtigten Verrechnung den vorgesehenen Zweck des Kreditgeschäfts mit mehr oder weniger großer Sicherheit verfehlen werde?

Ich bin der Ansicht, daß Schulden des vom Kreditnehmer ins Auge gefaßten Geschäftspartners, auch solche bei der Kreditbank, keinen offenbarungspflichtigen Umstand bilden, und das auch dann nicht, wenn die Kreditbank schon jetzt entschlossen ist, die Zahlung ihres Kreditkunden auf das bei ihr (debitorisch und im Überziehungsstadium geführte) Konto des Geschäftspartners zum Kontoausgleich und für nichts anderes zu verwenden. Ich sehe mich in dieser Ansicht bestätigt durch zwei Entscheidungen des BGH über ähnlich gelagerte Fälle[11].

aa) Kein Argument gegen die Offenbarungspflicht der Bank ist dem nur auf den ersten Blick naheliegenden Gedanken an Bankengeheimnis, Datenschutz oder Verpflichtung zur Wahrung der Interessen auch des Geschäftspartners als ihres Kunden zu entnehmen. Die Bank, die auf solche Argumente angewiesen wäre, müßte damit offenbaren, sich mit der Übernahme des neuen Kreditgeschäfts in einen Interessenkonflikt begeben zu haben, der sie wiederum offenbarungspflichtig werden läßt[12].

Das ist bei der Bank nicht anders als beim Anwalt, der auch die Wahrung der Interessen einer Partei nicht deshalb verkürzen darf, weil

---

10 BGH, Urt. v. 24.4.1990, WM 1990, 921ff und – dasselbe Projekt betreffend – BGH, Urt. v. 17.12.1991, WM 1992, 216ff; (es lagen noch weitere Besonderheiten vor wie beispielsweise eine der Bank bekannte Vortäuschung eines höheren Grundstückserwerbspreises, als er tatsächlich gezahlt war, und eine der Bank bekannte Verschleierung der Weiterveräußerung nur eines Teiles des v. Bauträger erworbenen Grundstücks an die Wohnungseigentumserwerber).

11 BGH, Urt. v. 9.4.1987, WM 1987, 1546ff; BGH, Urt. v. 21.1.1988, WM 1988, 561ff.

12 *Hopt*, Haftung der Banken bei der Finanzierung von Publikumsgesellschaften und Bauherrenmodellen, FS Stimpel, Berlin 1985, 265 (287); BGH 1991, 85f.

er sich sonst in Konflikt mit den Interessen einer anderen von ihm ebenfalls vertretenen Partei setzte; er muß schon die Entstehung des Interessenkonfliktes, also die Übernahme konfliktträchtiger Mandate vermeiden[13].

Vielmehr hat man weiter vorn anzusetzen: Schulden des vom Kreditnehmer ins Auge gefaßten Geschäftspartners, auch so hohe Schulden, daß sie die Durchführung des beabsichtigten und zu kreditierenden Geschäfts ernsthaft gefährden, und schließlich auch Schulden, die vom Gläubiger zum Zugriff auf die vom Kreditnehmer zu leistende oder zu veranlassende Zahlung ausgenutzt werden können, sind kein spezielles Risiko des zu kreditierenden Geschäfts, sondern allgemeines Geschäftsrisiko. Es kann auch der Kreditnehmer nicht etwa deshalb, weil er den Kredit bei seiner Hausbank aufnimmt, darauf vertrauen, daß diese ihn wegen ihrer intimeren Kenntnis von den Verhältnissen des ins Auge gefaßten Geschäftspartners vor diesem Risiko bewahre. Dazu müßte der Kreditnehmer die Bank fragen, worauf sie entweder wahrheitsgemäß antworten oder eine Antwort aus Rücksichtnahme auf die Interessen des Geschäftspartners als ihres anderen Kunden ablehnen muß, worin eine den Kreditnehmer hinreichend warnende Aussage zu sehen ist.

bb) Es gibt Entscheidungen des Bundesgerichtshofs, die anders lauten. In Urteilen vom 29.5.1978[14], 20.2.1986[15] und 27.11.1990[16] haben der II., der III. und der XI. Senat das Interesse der Bank an der Sanierung der Massenkommanditgesellschaft, an der ihr neuer Kreditkunde eine von ihr zu kreditierende Einlage erwerben wollte, die Kenntnis von der bevorstehenden Zahlungsunfähigkeit der Abschreibungsgesellschaft als vorgesehener Geschäftspartnerin und die Kenntnis von der Konkursreife des Bauträgers als Geschäftspartners, der bei ihr selbst hoch verschuldet war, für spezielle Risiken erachtet, über die wegen konkreten Wissensvorsprungs ungefragt Auskunft zu geben sei, die auch nicht wegen der dem Geschäftspartner geschuldeten Geheimhaltung unterbleiben dürfe; der Interessenkonflikt hätte durch Ablehnung des Kreditgeschäfts gelöst werden müssen. Die Rechtsprechung des BGH ist nicht einheitlich; die von mir zuletzt genannten Entscheidungen überzeugen mich nicht.

---

13 *Borgmann/Haug*, Anwaltshaftung, 2. Aufl., Frankfurt 1986, 12 3 c.
14 WM 1978, 896f.
15 WM 1986, 700f.
16 WM 1991, 85f.

cc) Es kommt in Betracht, einen Mittelweg zu suchen: Pflicht zur ungefragten Offenbarung des sicher bevorstehenden Zusammenbruchs, der das zu kreditierende Geschäft sicher vereiteln wird; keine Offenbarungspflicht bei lediglich hoher Verschuldung, Kontenüberziehung. Das wären dann etwa die Kriterien, nach denen sich die Konkursanfechtung nach §30 KO richtet, wobei man sich über das Maß der die Bank treffenden Darlegungs und Beweislast verständigen müßte. Die Frage erscheint mir diskussionsbedürftig.

Ein weiterer Mittelweg könnte darin bestehen, daß man in derartigen Konfliktfällen der kreditgebenden Bank nur die Möglichkeit versagt, die Zahlung ihres Kreditkunden auf das Konto des Geschäftspartners, das ebenfalls bei ihr geführt wird, zum Ausgleich eigener Ansprüche zu verwenden. Man könnte zu diesem Ergebnis gelangen, indem man sagt, der Kreditnehmer habe den Kredit so lange nicht empfangen, wie er dem Geschäftspartner nur in einer Art und Weise ausbezahlt worden sei, die ihn über den Gegenwert auf seinem Konto wegen des sofortigen Zugriffs der Kreditbank nicht verfügen ließ. Ein Urteil des III. Zivilsenats vom 9.7.1987[17] könnte allerdings dieser Lösung, die ich zur Diskussion stelle, entgegenstehen.

III. Das Problem der Wissenszurechnung

Der zur Offenbarung verpflichtende Wissensvorsprung setzt Wissen voraus; Wissen-können oder auch Wissen-müssen genügen nicht; unter dem Gesichtspunkt des Wissensvorsprungs ist eine Bank nur verpflichtet, vorhandenes, von ihr als wesentlich erkanntes Wissen zu offenbaren, nicht aber, sich solches Wissen erst zu beschaffen[18]. Dafür, daß die Bank mehr weiß als ihr Kunde, sie also einen Wissens-Vorsprung besitzt, genügt Erkennbarkeit[19].

Sind damit die abstrakten Grundzüge des Wissensvorsprungs noch einfach zu beschreiben, so ergeben sich Schwierigkeiten, geht man ins konkrete Detail:

Kommt es auf die Kenntnis des die Kreditverhandlungen mit dem Kunden führenden Bankangestellten an? Auf die des über die Kreditzusage entscheidenden

17 WM 1987, 1125f.
18 BGH, Urt. v. 31.3.1992; BGH WM 1992, 602f.
19 BGH, Urt. v. 3.12.1991, WM 1992, 133ff.

Mitarbeiters? Auf die des Leiters der Kreditabteilung / des Filialdirektors / des Vorstandes? Wie ist zu entscheiden, wenn der Leiter der Grundstücksabteilung eine offenbarungspflichtige Tatsache erfahren hat[20], wovon der Kreditsachbearbeiter dagegen nichts weiß? Liegt Kenntnis vor, wenn erst das Wissen des Sachbearbeiters der Grundstücksabteilung (von einem dem Bauträger berechneten Kaufpreis von 3,1 Mio DM) und des Kreditsachbearbeiters (von einem den Erwerbern weiterbelasteten Kaufpreis von 13,4 Mio DM), in einer Person vereinigt, den Wissensvorsprung ergäben? Ist von einem konkreten Wissensvorsprung zu reden, wenn die Filiale Bad Pyrmont erfährt, daß der Bauträger den Erwerbern überhöhte Mieteinnahmen vorschwindelt, der Filialdirektor in München dagegen, der dem Erwerber einen Personalkredit zur Finanzierung der letzten Rate der Erwerbskosten zusagt, davon nichts weiß[21]?

Es stellt sich das Problem der Wissenszurechnung, das sich zu der Frage zuspitzen läßt, ob „die Bank" wie eine Person zu behandeln sei – oder ob es auf die persönliche Kenntnis des Bankmitarbeiters ankomme, der mit dem Kreditnehmer bei den Kreditverhandlungen in Kontakt tritt und der daher eine Aufklärung, eine Warnung ausgesprochen hätte, wenn er die Aufklärungs- und Warnpflicht bei konkretem Wissensvorsprung über spezielle Risiken des zu finanzierenden Geschäfts ernst genommen hätte.

1. Stand der Rechtsprechung

a) Die Rechtsprechung des Bundesgerichtshofs hat sich nach meiner Kenntnis zweimal mit derartigen Fragen befaßt. In einem Fall wurde eine Revision (in nicht begründetem Beschluß) nicht angenommen, in der die Aufklärungs- und Warnpflicht der einen Wohnungseigentumserwerb im Bauherrenmodell finanzierenden Bank darauf gestützt war, ihre Grundstücksabteilung habe den vom Bauträger tatsächlich aufgewendeten Kaufpreis für das Grundstück gekannt, die Kreditabteilung den dem Erwerber in Rechnung gestellten Grundstückskaufpreis, so daß – bei Zusammenfassung dieser Kenntnis – „der Bank" bekannt gewesen sei, den Erwerbern werde ein vielfach überteuerter Grundstückskaufpreis

20 Etwa die Abrede zwischen dem Bauträger und dem Grundstücksverkäufer, daß ein Grundstückskaufpreis von 3,1 Mio DM beurkundet werden, ein Teilbetrag von 500.000, – DM aber an den Bauträger zurückfließen solle – Sachverhalt aus BGH WM 1992, 216ff.

21 Sachverhalt aus BGH WM 1989, 1368ff.

unter Vorspiegelung tatsächlich nicht aufgewendeter Erwerbskosten in Rechnung gestellt. Wenn man aus der Nichtannahme der Revision einen Schluß ziehen kann, dann den, daß die Bank nicht so behandelt wurde, als ob sich Detailkenntnis von Mitarbeitern der Grundstücksabteilung mit Detailkenntnis von Mitarbeitern der Kreditabteilung zur den konkreten Wissensvorsprung begründenden Gesamtkenntnis verbinden ließen.

Im Urteil vom 1.6.1989[22] wußte der Filialleiter der Filiale Bad Pyrmont einer Bank, daß der vom Bauträger den Erwerbsinteressenten vorgelegte Mietvertrag die erzielbaren – und nach der Werbung des Bauträgers die zur Tilgung und Verzinsung der vollständig mit Fremdmitteln aufzubringenden Erwerbskosten ausreichenden – Mieten nicht annähernd zutreffend wiedergab, da der tatsächlich geschlossene und praktizierte Mietvertrag mit dem Generalmieter nur gut 1/3 der vorgespiegelten Miete vorsah. Ein Erwerbsinteressent nahm bei der Münchner Filiale derselben Bank einen Personalkredit zur Finanzierung des letzten Teiles der Erwerbskosten auf, wobei er vom Kreditsachbearbeiter oder auch vom Münchner Filialleiter über den das gesamte Projekt gefährdenden niedrigen Mietzins nicht unterrichtet wurde, weil die Münchner Filiale nicht wußte, was der Pyrmonter Filiale bekannt war. Der BGH rechnet die Kenntnis des Filialleiters der einen Filiale dem Leiter der anderen Filiale jedenfalls dann zu, wenn beide Kredite der Finanzierung desselben Vorhabens dienen sollen, die Vertreter der Münchner Filiale von der Kreditgewährung in Bad Pyrmont wußten, weshalb ein Informationsaustausch zwischen beiden möglich und naheliegend war, auch wenn er tatsächlich nicht stattgefunden hatte. Es sei geboten, einer Bank durch eine umfassende Wissenszurechnung die Möglichkeit zu nehmen, den Informationsaustausch zwischen ihren rechtlich unselbständigen Filialen im eigenen Interesse auf bestimmte Fragen zu beschränken, deren vollständige Aufklärung im Interesse eines Verhandlungspartners geboten sein könnte.

b) Auf benachbartem Gebiet liegen Urteile des V. Zivilsenats vom 8.12.1989[23] und 24.1.1992[24] über die Haftung von Gemeinden aus Grundstücksverkäufen, wenn Gemeindebedienstete, die am Rechtsgeschäft selbst nicht mitgewirkt haben, Fehler des verkauften Grundstücks

22 BGH WM 1989, 1368ff.
23 BGHZ 109, 327ff.
24 BGH WM 1992, 792ff.

verschwiegen haben. Im Urteil vom 8.12.1989 hatte der neue Bürgermeister das Gemeindegrundstück unter Gewährleistungsausschluß verkauft, von dessen Mängeln sein Amtsvorgänger unterrichtet war. Im Urteil des BGH heißt es, daß eine juristische Person wie eine fiskalisch handelnde Gemeinde sich das Wissen aller ihrer vertretungsberechtigten Organwalter zurechnen lassen müsse, auch wenn das kenntnisreiche Organmitglied an dem betreffenden Rechtsgeschäft selbst nicht mitgewirkt habe, vom Rechtsgeschäft nicht einmal unterrichtet war. Das gilt auch im Falle des Wechsels in der Person vertretungsberechtigter Organwalter, und zwar aus Gründen des Verkehrsschutzes, die dem BGH als geboten erscheinen lassen, einer Gemeinde das durch ihre Organvertreter einmal vermittelte und typischerweise aktenmäßig festgehaltene Wissen weiterhin zuzurechnen, weil sich nur so die strukturelle Besonderheit der organisatorischen Aufspaltung gemeindlicher Funktionen in personeller und zeitlicher Hinsicht ausgleichen lasse[25]. Eine starre Einheitslösung lehnt der BGH ab.

Im Urteil vom 24.1.1992 wird in einem Fall, in dem der Leiter des Liegenschaftsamtes unwissend den Mangel eines von der Gemeinde verkauften Grundstücks verschwiegen hat, der einem im Baurechtsamt als Sachbearbeiter tätigen Bauingenieur bekannt war, die Haftung der Gemeinde für arglistiges Verschweigen abgelehnt, weil es sich beim wissenden Gemeindebediensteten nicht um ein vertretungsberechtigtes Organ oder Organmitglied und auch nicht um einen verfassungsmäßig berufenen Vertreter gehandelt habe. Unterhalb der Organwalter- oder Vertreterebene vorhandenes Wissen eines Sachbearbeiters in einem mit dem Grundstücksverkauf nicht befaßten Amt müsse die Gemeinde sich aber nach den Grundsätzen der Wissensvertretung nicht zurechnen lassen, weil Wissensvertreter nur sei, wer nach der Arbeitsorganisation des Geschäftsherrn dazu berufen sei, im Rechtsverkehr als dessen Repräsentant bestimmte Aufgaben in eigener Verantwortung zu erledigen und die dabei angefallenen Informationen zur Kenntnis zu nehmen und gegebenenfalls weiterzuleiten. Der Geschäftsherr müsse sich seiner im rechtsgeschäftlichen Verkehr wie eines Vertreters bedient haben. Habe der Wissensträger den Geschäftsherrn dagegen nur intern beraten, scheide eine sinngemäße Anwendung des § 166 Abs. 1 BGB aus.

Der BGH befaßt sich in der zuletzt genannten Entscheidung mit der Frage, ob die Zurechnung von Wissen bei juristischen Personen nicht an der Verfügbarkeit der Information zu orientieren sei, wobei einmal er-

25 BGHZ 109, 327 (332).

langtes „Aktenwissen“ und die Möglichkeit, seine Verfügbarkeit zu organisieren, die Zurechnung geböten[26]. Der BGH läßt die Frage offen, weil die Gemeinde nicht verpflichtet gewesen sei, für ihre fiskalischen Grundstücksgeschäfte einen ämterübergreifenden Informationsaustausch allgemein zu organisieren. Der BGH grenzt seine Entscheidung von der des III. Zivilsenats vom 1.6.1989[27] ab.

c) Erwähnenswert ist in diesem Zusammenhang weiter ein Urteil es VII. Zivilsenats vom 12.3.1992[28], das – zum Abdruck in BGHZ bestimmt – auch in der Tagespresse Beachtung fand: Es verpflichtet den Bauunternehmer, seinen Betrieb bei Herstellung eines Bauwerks so zu organisieren, daß der Besteller nicht haftungsrechtlich durch die Beauftragung eines arbeitsteilig organisierten Unternehmens an Stelle eines Alleinunternehmers benachteiligt wird. Deshalb soll der Unternehmer verpflichtet sein, die Überwachung und Prüfung des Bauwerks in einer Art und Weise einzurichten, die bei richtiger Organisation die Entdeckung von Mängeln gewährleistet – weshalb er sich bei fehlerhafter Organisation und deshalb unentdeckt gebliebenem Mangel auf den Ablauf der 5-jährigen Gewährleistungsfrist nicht berufen dürfe.

d) *Canaris*, mit dessen Auffassung sich der BGH im Urteil vom 1.6.1989 auseinandersetzt, ohne dazu abschließend Stellung zu nehmen, geht noch ein gutes Stück weiter, indem er die Bank als rechtliche Einheit ansieht, in deren Organisationsrisiko es grundsätzlich falle, ob und wie sie sicherstelle, daß alle relevanten Kenntnisse von den Kenntnisträgern sofort an die zuständigen Stellen weitergeleitet werden[29].

2. Stellungnahme

Ich bin der Meinung, daß sich eine starre Einheitslösung verbietet, daß sie insbesondere auch nicht mit der Überlegung zu rechtfertigen ist, es dürfe das durch Arbeitsteilung seine Aktionsmöglichkeit vervielfältigende Unternehmen gegenüber der Einzelperson nicht dahin begünstigt

---

26 So der Ansatz von *Bohrer*, DNotZ 1991, 124 (129f).
27 BGHWM 1989, 1368ff.
28 VII ZR 5/92, ZIP 1992, 773ff.
29 Bankvertragsrecht, 3. Aufl., Berlin 1988, Rdn. 499 und 800 a.

werden, daß es durch Arbeitsteilung gutgläubig bleiben könne, wo die Einzelperson unzweifelhaft bösgläubig wäre[30].

Wir leben nicht mehr im Mittelalter; die arbeitsteilige Organisation befähigt die Unternehmen zu den Leistungen, von denen nicht nur die Unternehmer, sondern alle profitieren. Wenn der Gedanke, daß ein Unternehmer nicht durch Aufspaltung der verschiedensten Wissensträger sich „gutgläubig" machen dürfe, wo der einzeln Handelnde notwendig bösgläubig sei, überhaupt ein Entscheidungskriterium (über §242 BGB) liefern kann, so nur über den Gedanken einer (internen) Organisationspflicht, aufgrund deren ein Unternehmen verpflichtet ist, den gesamten Bereich seiner Tätigkeit so einzurichten, daß für alle wichtigen Aufgabengebiete ein verfassungsmäßiger Vertreter zuständig ist, zu dem Information aufgrund des in einem Unternehmen dieser Art und mit diesen Aufgaben zu erwartenden Standards an Mitteln der Dokumentation und der Informations-Weiterleitung gelangt. Dabei wird man als Dokumentations- und Informationsstandard bei einer Bank, wenn es um die Frage der Aufklärungs- und Warnungspflicht geht, mindestens soviel zu erwarten haben, wie die Bank in ihrem eigenen Interesse an Dokumentations- und Informationsaufwand betreibt. Es ist nicht vorstellbar, daß in einer Großbank ein Kreditnehmer, der in einer Filiale mit seinem Kreditwunsch wegen eines Täuschungsversuchs oder auch nur wegen festgestellter schlechter Bonität abgeblitzt ist, in einer anderen Filiale deshalb Erfolg haben könnte, weil das Wissen der ersten nicht zur zweiten gelangt wäre. Wo man von einer Bank erwarten kann, daß sie sich derart durch horizontale und vertikale Wissensverbreitung schützt, darf auch der Bankkunde erwarten, daß die Bank solches Wissen zu seinen Gunsten einsetzt, wo das zu finanzierende Geschäft von speziellen Risiken betroffen ist. Ich hätte daher in dem vom Bundesgerichtshof am 1.6.1989 entschiedenen Fall der Pyrmonter- und Münchner Filialen dasselbe Ergebnis aus §242 BGB gerechtfertigt, ohne darauf abzustellen, daß beide Kredite der Finanzierung desselben Vorhabens dienen sollten.

---

30 So aber *Canaris,* aaO (Fn. 27), Rdn. 800 a und der VII. Zivilsenat im zitierten Urt. v. 12.3.1992, aaO (Fn. 26).

Der moderne Schuldturm? Rechtsdogmatische Überlegungen zur Privatautonomie im Recht der Bankgeschäfte

Professor *Dr. Dieter Medicus*
Universität München

Inhaltsübersicht

I. Der Schuldturm

Das Schlagwort „moderner Schuldturm", das über meinem Vortrag steht, ist seit mehreren Jahren gebräuchlich[1]. Erlauben Sie einem Auch-Rechtshistoriker trotzdem einige unwillige Bemerkungen dazu, wie wenig dieses Schlagwort sachlich paßt und wie viel Polemik es folglich in sich trägt.

1. Die historische Wirklichkeit

Das deutsche Recht[2] kannte gegen den Schuldner, der nicht zahlte, zum ersten die Schuldknechtschaft: Der Schuldner mußte als Knecht des Gläubigers seine Schuld abarbeiten. In einem gewissen Gegensatz dazu steht die andere Vollstreckungsmaßnahme, nämlich die Einsperrung im Schuldturm. Denn der dort eingeschlossene Schuldner konnte seine Schuld nicht durch Arbeit abtragen. Vielmehr sollte die Einsperrung anders wirken: Die Furcht vor ihr sollte den Schuldner dazu veranlassen, für die Zahlung seine Reserven zu mobilisieren. Und die vollzogene Einsperrung sollte die Angehörigen dazu bringen, den Schuldner auszulösen. Übrigens fielen die Kosten des Schuldturms dem Gläubiger zur Last. Bereits deshalb wird der Aufenthalt im Schuldturm kaum längere Zeit und schon gar nicht lebenslang gedauert haben.

---

1 Vgl. etwa schon *de With/Nack,* Der moderne Schuldturm, ZRP 1984, 1.

2 Dazu etwa *A.Erler,* in: A.Erler/E.Kaufmann, Handwörterbuch der deutschen Rechtsgeschichte IV, Berlin 1990, sub „Schuldhaft"; auch *Conrad,* Deutsche Rechtsgeschichte I, 2. Aufl., Karlsruhe 1962, S. 388 f.

2. Die moderne Problematik

Demgegenüber geht es bei der modernen Problematik nicht um eine Einsperrung des Schuldners. Vielmehr sind Fälle gemeint, in denen jemand durch Ungeschick oder Unglück in Schulden gerät, die auf absehbare Zeit sein Leistungsvermögen übersteigen; womöglich können diese Schulden trotz aller Tilgungsbemühungen durch Zins- und Zinseszinseffekte sogar noch anwachsen. Den Extremfall bildet ein schon in jungen Jahren in derart hohe Schulden Geratener, daß ihm bis zu seinem Lebensende nur der Pfändungsfreibetrag bleibt. Letztlich kann hier erst den Erben nach dem Tod des Schuldners durch Erbschaftsausschlagung, Erschöpfungseinrede oder Nachlaßkonkurs geholfen werden.

3. Die Diskrepanz

Die Diskrepanz zwischen dieser modernen Problematik und dem historischen Schuldturm ist deutlich: Was heute „Schuldturm" genannt wird, soll weder die Reserven des Schuldners noch dessen Angehörige mobilisieren; auch dauert die Bedrängnis typischerweise lange und nicht bloß kurze Zeit. Daß das sachlich unzutreffende Schlagwort sogar in diese Veranstaltung eingedrungen ist, dürfte eher journalistisch als juristisch zu erklären sein: Mit dem „Schuldturm" läßt sich finsteres Mittelalter assoziieren; so wird das Vorverständnis geweckt, der derart bezeichnete Zustand sei nicht mehr zeitgemäß und gehöre abgeschafft. Ob und inwieweit das zutrifft, soll im folgenden ohne das eben gerügte Vorverständnis geprüft werden. Wenn ich trotzdem bisweilen von „Schuldturm" spreche, denken Sie bitte distanzierende Anführungszeichen hinzu.

II. Die dogmatischen Instrumente zur Vermeidung oder Milderung des „Schuldturms"

Das moderne Recht kennt für den Schutz vor übermäßiger Verschuldung und deren Folgen eine Mehrzahl von Instrumenten. Es scheint mir wichtig, diese zunächst einmal allesamt vor Augen zu führen. Denn die richtige Frage lautet ja nicht, ob der Schuldner vor einer Verletzung seiner Menschenwürde[3] bewahrt werden soll: Die Notwendigkeit hierzu folgt schon aus Art. 1 GG. Dabei gibt es auch keine besondere „Verbraucherwürde", und der Schutz gilt auch nicht nur gegenüber Banken. Fraglich kann vielmehr nur sein, wo eine verfassungswidrige Verletzung beginnt, und mit welchen Instrumenten sie zu verhindern ist. Dabei dürfte sich die neuere Diskussion bisweilen allzu rasch auf den gegen den Gläubiger zu richtenden Vorwurf der Sittenwidrigkeit nach § 138 BGB konzentriert haben, ohne daß die übrigen Instrumente ausreichend erwogen worden sind. Eine solche vorschnelle Festlegung gilt es zu vermeiden. Weglassen werde ich im folgenden nur den ganz sicher nicht passenden § 310 BGB[4].

1. Die Sittenwidrigkeit

a) Obwohl also der Vorwurf der Sittenwidrigkeit keineswegs das einzige Instrument darstellt, soll er doch an erster Stelle stehen. Denn er belastet den Gläubiger nicht nur mit einem moralischen Unwerturteil, sondern auch mit besonders *schwer wiegenden Rechtsfolgen*: Sein Vertrag ist nichtig (§ 138 Abs. 1 BGB) und kann ihm daher keine rechtsgeschäftlichen Ansprüche verschaffen, übrigens auch nicht im Umfang einer etwa bestehenden Leistungsfähigkeit des anderen Teils[5]. Bereicherungsansprüche zum Ausgleich schon durchgeführter Vermögensverschiebungen werden von § 817 Satz 2 BGB ausgeschlossen oder doch behindert. Zudem kann der Gläubiger Schadensersatzansprüchen ausgesetzt sein, nicht bloß aus Verschulden bei Vertragsverhandlungen, sondern sogar aus § 826 BGB.

b) Andererseits stehen dieser starken Wirkung des Sittenwidrigkeitsvorwurfs aber auch wenigstens *zwei erhebliche Schwächen* gegenüber.

Erstens betrifft dieser Vorwurf *nur Rechtsgeschäfte*. Für eine Überschuldung kommen aber auch andere Gründe in Betracht, etwa Delikte

3 Art. 1 Abs. 1 GG, konkretisiert in der freien Persönlichkeitsentfaltung von Art. 2 Abs. 1 GG.

4 Er ist ins Spiel gebracht worden etwa vom OLG Stuttgart NJW 1988, 833 (835 f), dagegen aber etwa BGHZ 107, 92 (100 f); *Medicus,* ZIP 1989, 817 f mit Nachweisen.

5 Daher kann man den Einsatz von § 138 BGB geradezu als unverhältnismäßig bezeichnen (Verstoß gegen das Übermaßverbot).

mit schlimmen Folgen oder hohe Steuernachforderungen. Diese auf Gesetz beruhenden Ansprüche lassen sich mit § 138 BGB nicht abwehren.

Und zweitens trifft § 138 BGB ein Urteil über die Wirksamkeit des Rechtsgeschäfts. Dieses Urteil bezieht sich auf den *Zeitpunkt des Abschlusses*[6]; ein späteres Sittenwidrigwerden (oder auch das Gegenteil, nämlich eine nachträgliche Heilung der Sittenwidrigkeit) gibt es nach geltendem Recht nicht. Folglich können für die Bewertung als sittenwidrig nur diejenigen Umstände berücksichtigt werden, die beim Abschluß des Rechtsgeschäfts vorliegen. Wenn beispielsweise der Schuldner erst nach dem Vertragsschluß sein Einkommen verliert oder durch einen Konkurs des von ihm beauftragten Bauunternehmers große Einbußen erleidet, läßt sich das für § 138 BGB nicht mehr berücksichtigen. Insoweit schützt die Vorschrift also nicht einmal im rechtsgeschäftlichen Bereich einigermaßen zuverlässig vor dem „Schuldturm".

2. Verletzung von Aufklärungspflichten und ähnlichem

Gegenüber dem Vorwurf der Sittenwidrigkeit bildet der Vorwurf einer Verletzung von Pflichten zu Aufklärung, Warnung oder Beratung das mildere Mittel. Denn er läßt die Wirksamkeit des Geschäfts unberührt und führt lediglich zu Schadensersatzpflichten aus Verschulden bei Vertragsverhandlungen oder positiver Vertragsverletzung. Diese Pflichten können zwar nach bestrittener, wenngleich herrschender Ansicht wegen § 249 Satz 1 BGB auch auf eine gänzliche Aufhebung des Geschäfts gerichtet sein[7]. Aber dann sind auch die aus dem Geschäft erlangten Vorteile zurückzugeben oder anzurechnen. Dabei gibt es kein Hindernis, das der Kondiktionssperre von § 817 Satz 2 BGB vergleichbar wäre. Zudem kann die Schadensersatzpflicht wegen Mitverschuldens nach § 254 BGB gemindert sein. Auch darüber hinaus kommen noch elastische, das starre Alles oder Nichts der Nichtigkeit von § 138 BGB vermeidende Lösungen in Betracht. Das gilt etwa, wenn das Geschäft bei ordentlicher Aufklärung nicht völlig unterblieben wäre, sondern bloß

---

6 So zumindest bei Geschäften unter Lebenden. Ob für Testamente eine Ausnahme zu machen ist, weil diese zunächst nicht binden, kann hier offenbleiben.

7 Dazu etwa *Soergel/Wiedemann*, Komm. z. BGB, 12. Aufl., Stuttgart 1990, vor § 275 Rdn. 199 mit Nachweisen und zutreffender Kritik bei Fn. 50.

einen anderen Inhalt erhalten hätte[8]. Im übrigen freilich teilt auch dieses Instrument regelmäßig die Schwächen von § 138 BGB: Es wirkt nur bei rechtsgeschäftlichen Verpflichtungen, und es kann erst nach dem Vertragsschluß eintretende Umstände kaum erfassen.

Die eigentliche Problematik der Aufklärungspflichten liegt bei der Frage nach Begründung und Umfang. Hierüber ist heute vormittag bereits gesprochen worden; deshalb übergehe ich beides.

3. Die Inhaltskontrolle

Ein drittes Instrument ergibt sich aus folgendem: Die hier das Thema bildenden Bankgeschäfte beruhen regelmäßig auf Allgemeinen Geschäftsbedingungen. Das ermöglicht über die AGB-Kontrolle eine weitreichende Überprüfung des Vertragsinhalts[9]. Soweit es sich um Verbraucherkredite handelt, tritt dazu jetzt noch das zwingende Recht des VerbrKrG. Dort werden zugleich durch die §§ 4ff. konkrete Aufklärungspflichten des Kreditgebers bestimmt. Zudem soll das Transparenzgebot[10] für Allgemeine Geschäftsbedingungen die Aufklärung noch weiter verbessern.

Insoweit verzichte ich wieder auf alle Einzelheiten. Bemerkt werden soll aber, daß auch die Kontrolle des Vertragsinhalts nur einen Teil der sog. Schuldturmproblematik erfassen kann: Auch hier findet sich wieder die Beschränkung auf rechtsgeschäftliche Verbindlichkeiten, und man gelangt kaum zur Berücksichtigung erst später eintretender Umstände.

4. Die Lehre von der Geschäftsgrundlage

Gerade auf solche Umstände zielt das vierte, freilich gleichfalls auf den rechtsgeschäftlichen Bereich beschränkte Instrument: die Lehre vom Fortfall der Geschäftsgrundlage. Diese Lehre eignet sich etwa für die Frage, ob das Zerbrechen einer Ehe sich auf eine Bürgschaft auswirkt,

---

8 Vgl. *Soergel/Wiedemann,* aaO (Fn. 7), Rdn. 196 f.

9 Dazu speziell *Heinrichs,* AGB-Gesetz und Kreditwirtschaft, in: Hadding/Hopt (Hrsg.), Verbraucherkreditrecht, AGB-Gesetz und Kreditwirtschaft (Bankrechtstag 1990), Schriftenreihe der Bankrechtlichen Vereinigung, Band 1, Frankfurt 1991, S. 101.

10 Dazu etwa *Heinrichs,* aaO (Fn. 9) mit Nachweisen.

die nur wegen dieser Ehe übernommen worden ist[11]. Freilich gelangt man hier wegen der strengen Anforderungen, die diese Lehre stellt, meist zu einem negativen Ergebnis: Dem Gläubiger müßte ja zuzumuten sein, sich an allein aus der Schuldnersphäre stammenden Risiken auch nur zu beteiligen.

5. Hemmung bei der Geltendmachung der Forderung

Soweit keines der bisher behandelten vier Instrumente zu einem Erfolg geführt hat, läßt sich an ein fünftes denken: Man kann die sofortige Geltendmachung der ganzen Forderung als einen rechtsmißbräuchlichen Verstoß gegen Treu und Glauben ansehen, soweit der Schuldner offenbar nicht leisten kann und auch keine Verjährung droht. Dieses Instrument hat gegenüber den bisher behandelten zwei wesentliche Vorteile: Erstens beschränkt es sich nicht auf rechtsgeschäftlich begründete Verbindlichkeiten. Zudem ist es zweitens überaus elastisch: Einerseits kann es alle bis zur Geltendmachung eingetretenen Umstände berücksichtigen, andererseits aber sogar auch die später noch eintretenden: Die Treuwidrigkeit kann wegfallen, sobald sich die Situation des Schuldners verbessert.

Dieser Elastizität stehen freilich auch erhebliche Nachteile gegenüber: Die gesetzliche Grundlage in § 242 BGB ist ja nur ganz unbestimmt. Auch fehlt das wissenschaftliche Fundament, das etwa der Lehre von der Geschäftsgrundlage einigermaßen klare Konturen gegeben hat. Daher lassen sich schon die Voraussetzungen einer richterlichen Hemmung kaum einigermaßen genau beschreiben. Nicht bestimmter sind auch die Rechtsfolgen: Bleibt es etwa wegen der Prozeßkosten bei § 93 ZPO, muß also der Schuldner den Anspruch anerkennen? Oder ist dieser, soweit er auf absehbare Zeit nicht erfüllt werden kann, nicht fällig? Wie steht es dann mit der Verzinsung?

6. Vollstreckungsschutz

Mehr Klarheit schafft in allen diesen Fragen der vom Gesetz ausführlich geregelte Vollstreckungsschutz: Hier hat schon der Vollstreckungstitel den Bestand und die prinzipielle Durchsetzbarkeit der Forderung klar-

---

11 Verneinend BGH NJW 1987, 1629.

gestellt. Zu regeln ist allein, welche Mittel dem Schuldner für seine Lebensführung belassen werden müssen. Dabei kann der Gläubiger nach §807 ZPO Auskunft über das Schuldnervermögen erhalten. Das alles gilt unabhängig von der Herkunft des titulierten Anspruchs aus Rechtsgeschäft oder Gesetz. Zudem kann jeder Veränderung im Schuldnervermögen alsbald Rechnung getragen werden.

Diese Vorteile für den Gläubiger sind freilich zugleich Nachteile für den Schuldner: Gerade die Beschränkung auf den als unzulänglich empfundenen Vollstreckungsschutz ist ja das, was die Kritiker des „modernen Schuldturms" bemängeln.

7. Restschuldbefreiung

Wegen solcher Bedenken ist im Rahmen der Insolvenzrechtsreform die Möglichkeit einer Restschuldbefreiung[12] vorgesehen worden. Im Hinblick auf den nachfolgenden Vortrag, der speziell diesem Thema gewidmet ist, verzichte ich insoweit auf alle Einzelheiten. Wichtig ist mir hier nur eines: Die Befreiung verlangt vom Schuldner eine gewisse Zeit des ernsthaften Bemühens um Tilgung. Damit würde gleichsam der Aufenthalt im „Schuldturm" zeitlich befristet. Dagegen würde das Hineinkommen in diesen Turm nicht gehindert.

III. Die wechselseitigen Verknüpfungen

Die eben gebrachte Aufzählung der dogmatischen Instrumente hat ergeben, daß einige von ihnen nur unter bestimmten Voraussetzungen in Betracht kommen. Aber gerade für die hier zu erörternden Verbindlichkeiten aus Bankgeschäften scheidet keines der genannten Instrumente von vornherein aus. Dabei besteht zwischen ihnen eine gewisse Rangfolge insofern, als Geltendmachung und Vollstreckung das Bestehen der Verbindlichkeit voraussetzen; dieses wird also regelmäßig zuerst zu prüfen sein.

---

12 Dokumentation hierzu in ZIP 1992, 882; ausführlich Landfermann, Der moderne Schuldturm und das Insolvenzrecht, in diesem Band, S. 111ff.

1. Der Ausgangspunkt

Aber diese durch die Logik gebotene Rangfolge läßt sich nicht rein durchhalten. Vielmehr wird man regelmäßig bei den vorrangigen Instrumenten schon an die nachrangigen denken müssen. Denn sowohl der Vorwurf der Sittenwidrigkeit wie auch die Annahme von Aufklärungspflichten können von den Härten abhängen, die dem Schuldner bei Geltendmachung und Vollstreckung drohen. Um im Bild des Schuldturms zu sprechen: Je komfortabler dieser eingerichtet ist und je mehr Hoffnung besteht, ihm wieder zu entrinnen, umso weniger braucht man den Gläubiger daran zu hindern, den Schuldner in den Turm zu bringen.

2. Die Pfändungsfreigrenzen

Solange es keine Restschuldbefreiung gibt, hängt die Erträglichkeit des „Schuldturms" im wesentlichen von den Pfändungsfreigrenzen nach den §§ 850 ff. ZPO ab. Hier gibt es freilich Dinge, die bedenklich stimmen müssen: Die gesetzliche Regelung nennt feste Beträge. Diese werden aber durch die Geldentwertung überholt. Der Gesetzgeber ist daher zu Anpassungen gezwungen, zuletzt durch ein Sechstes Gesetz zur Änderung der Pfändungsfreigrenzen vom 1.4.1992[13]. Zwischen diesen Änderungsgesetzen liegen aber oft viele Jahre; entsprechend stark fallen dann die Erhöhungen aus. Zumindest in der Zwischenzeit können die Pfändungsfreigrenzen unter das Existenzminimum geraten. So lag der Betrag, bei dem für eine Einzelperson die Pfändbarkeit beginnt, seit 1978 bei einem monatlichen Nettoverdienst von 560 DM. 1984 folgte eine Erhöhung auf 760 DM. Dieser Betrag gilt noch bis zum 30.6.1992. Erst vom 1.7.1992 an ist die Grenze wesentlich angehoben worden, nämlich auf 1.220 DM. Daß der noch am 30.6.1992 geltende Betrag von 760 DM wenigstens für die letzten Jahre unzulänglich war, dürfte unbestreitbar sein; die gesetzliche Änderung ist also erheblich zu spät gekommen.

Übrigens enthält die Neuregelung auch erstmals eine gewisse indirekte Dynamisierung. Nach dem neuen § 850f Abs. 1 lit. a ZPO soll nämlich der Schuldner nachweisen können, daß der für ihn pfändungsfreie Betrag nicht den notwendigen Lebensunterhalt im Sinne des BSHG deckt; dann soll das Vollstreckungsgericht den pfändungsfreien Betrag erhöhen dürfen[14].

---

13 BGBl. I, S. 745 v. 8.4.1992, dazu *Smid*, NJW 1992, 1935.

14 Anscheinend gibt es aber auch bisher schon eine ähnliche Praxis.

Andererseits enthält die Neuregelung aber auch etwas, das eine Verschlechterung bedeuten dürfte: Nach §850c Abs. 2 ZPO kann der Schuldner einen Bruchteil desjenigen Einkommens behalten, das er über den Pfändungsfreibetrag hinaus erzielt. Für diesen „Leistungszuschlag" gibt es jedoch eine Obergrenze; bei deren Erreichen ist der Überschuß voll pfändbar. Diese Grenze lag bisher bei einem monatlichen Nettoeinkommen von 3.302 DM (von diesem Einkommen behielt der alleinstehende Schuldner immerhin 1.520 DM). Durch mehr Leistung konnte der Schuldner das ihm verbleibende Nettoeinkommen von 760 DM also genau verdoppeln. Demgegenüber hat die Neuregelung die Obergrenze nur geringfügig angehoben, nämlich von 3.302 DM auf 3.796 DM. Davon behält der alleinstehende Schuldner 1.996 DM. Der Spielraum für den „Leistungszuschlag" ist also wesentlich eingeengt worden: Der gepfändete Schuldner kann sein ihm verbleibendes Nettoeinkommen jetzt nicht mehr verdoppeln, sondern nur noch um 776 DM erhöhen, also um 57 % von 1.220 DM. Folglich lohnt sich eine Mehrleistung für den Schuldner kurzfristig weniger. Langfristig kommt dies allerdings einer schnelleren Tilgung seiner Schuld zugute. Aber gerade bei besonders hohen Schulden bietet das allein keinen Anreiz mehr. Ein solcher könnte vielmehr erst durch die Hoffnung geschaffen werden, sich durch redliches Bemühen um die Schuldtilgung eine Restschuldbefreiung zu verdienen.

3. Folgerungen

Aus dem Gesagten lassen sich zwei Folgerungen ziehen:

a) Erstens nämlich, daß in der Vergangenheit der *Pfändungsschutz* über erhebliche Zeiträume *unzulänglich* war. Es ist verständlich, daß die Gerichte den Schuldnern diese Unzulänglichkeit wenigstens dann ersparen wollten, wenn sie viele Jahre oder gar lebenslänglich dauern würde. Doch mußte der an sich naheliegende Versuch einer schuldnerfreundlichen Auslegung der Vorschriften über die Pfändungsfreigrenzen daran scheitern, daß man Zahlen nicht auslegen kann: Es gibt auch sonst keine die Geldentwertung korrigierende „dynamische" Auslegung gesetzlich bezifferter Geldbeträge. Diese Vorschriften wegen eines Verstoßes gegen die Menschenwürde für verfassungswidrig zu halten, hätte nach Art. 100 Abs. 1 GG eine Vorlage an das BVerfG erfordert. Da lag der Ausweg über §138 Abs. 1 BGB nahe, zumal nach ganz h.M. die Wertungen des GG gerade über die Generalklauseln wirksam werden sollen. Das hat aber zu einer bloß halbherzigen – nämlich nur bei Rechtsgeschäften eingreifenden – Hilfe und zudem zu einer Deformation unseres Rechtssystems geführt.

b) Die zweite Folgerung betrifft die Zukunft: Solange nach dem 1.7.1992 der Pfändungsschutz einigermaßen ausreichend sein wird, hat sich für die Anwendung von §138 Abs. 1 BGB eine *neue Situation* ergeben. Noch deutlicher wird die Änderung ausfallen, wenn eine Möglichkeit zur Restschuldbefreiung geschaffen worden sein wird. Beides berührt die Grundlagen, auf denen die Entscheidungen beruhen, die den „Schuldturm" mit §138 Abs. 1 BGB zu vermeiden suchen. Zwar findet sich dort, wenn ich recht sehe, die Unzulänglichkeit der Pfändungsgrenzen als Argument nicht erwähnt. Aber es wäre verwunderlich, wenn der Gedanke daran nicht doch eine Rolle gespielt hätte.

IV. Die Unterscheidung zwischen Kredit- und Sicherungsgeschäften

Ehe ich im folgenden auf Einzelheiten eingehe, habe ich zunächst noch eine Unterscheidung zu begründen: Die Argumentationslage ist verschieden bei Kredit- und bei bloßen Sicherungsgeschäften.

1. Kreditgeschäfte

Bei Kreditgeschäften betrifft ein Streit um die Sittenwidrigkeit praktisch nur die Verzinsungspflicht. Denn daß der erhaltene Kredit selbst zurückgewährt werden muß, ergibt sich aus §812 BGB, dem insoweit auch §817 S.2 BGB nicht entgegensteht: Die nach dieser Vorschrift nicht kondizierbare Leistung ist die Überlassung auf Zeit und nicht diejenige auf Dauer[15]. Auch ein entlastender Wegfall der Bereicherung nach §818 Abs. 3 BGB kommt nicht in Betracht[16]: Der Empfänger hat ja gewußt, das als Darlehen Empfangene müsse zurückgewährt werden; er steht daher einem unredlichen Empfänger nach §819 Abs. 1 BGB gleich.

---

15 So die h.M. seit dem Beschluß des Großen Senats für Zivilsachen in RGZ 161, 52.

16 Zuletzt *Canaris,* Die Gegenleistungskondiktion, FS W. Lorenz, Tübingen 1991, S. 19 (21) mit Nachweisen in Fn. 7.

2. Abweichungen bei Sicherungsgeschäften

Im Unterschied dazu geht es bei dem Streit um die Sittenwidrigkeit eines Sicherungsgeschäfts wirklich um Alles oder Nichts: Wenn die Sittenwidrigkeit bejaht wird, schuldet der Sicherungsgeber gar nichts; zudem kann er das etwa schon Geleistete nach den §§812 Abs. 1 Alt. 1, 817 Satz 1, 819 Abs. 2 BGB ungeschmälert zurückverlangen.

Überdies tauchen bei Sicherungsgeschäften Gesichtspunkte auf, die bei Kreditgeschäften keine Parallele finden: Erstens erhält der Sicherungsgeber oft keine eigentliche Gegenleistung; er handelt also unentgeltlich[17]. Zweitens werden Sicherheiten häufig im Vertrauen darauf gegeben, der Sicherungsfall bleibe durch vertragsgerechte Leistungen des Hauptschuldners vermieden. Drittens spielen oft familiäre Bindungen eine Rolle. Viertens ist der durch die Schriftform von §766 BGB für den Bürgen beabsichtigte Übereilungsschutz oft zur bloßen Unterschrift unter ein kaum zur Kenntnis genommenes Formular verkümmert, zudem wohl noch ohne Widerrufsmöglichkeit[18]. Fünftens endlich fehlt für die Sicherungsgeschäfte weithin zwingendes Recht, das etwa dem VerbrKrG entspräche. Dieses nutzt dem Sicherungsgeber allenfalls mittelbar, nämlich soweit es die Verpflichtungen aus dem Kreditgeschäft mildert, denen gegenüber die Sicherung akzessorisch ist[19]. Aus allen genannten Gesichtspunkten können sich bei den Sicherungsgeschäften eigenartige Probleme ergeben.

V. Das Kreditgeschäft

Doch sprechen wir zunächst über das Kreditgeschäft selbst.

1. Sittenwidrigkeit

a) Insoweit kommt für die Annahme von Sittenwidrigkeit vor allem der Vorwurf in Betracht, es handle sich um Wucher oder ein wucherähnli-

17 Vgl. BGH NJW 1991, 975; 2905 sowie *Schanbacher,* NJW 1991, 3263 zur Anwendbarkeit des HausTWG.

18 Vgl. die vorige Fn.

19 Dazu etwa *Bülow,* WM 1992, 1509.

ches Geschäft. Dieser Vorwurf beruht auf der unangemessenen Höhe von Zins und Nebenkosten. Dabei geht es primär nicht um die Frage nach der Leistungsunfähigkeit des Schuldners, also um den sog. Schuldturm. Darum lasse ich diese schon vielfach von anderen behandelte Problematik[20] hier beiseite.

b) Typisch für die *Leistungsunfähigkeit des Darlehensnehmers* sind dagegen Fälle, in denen die geplante Kreditverwendung mißlungen ist: Der mit der Darlehensvaluta im voraus bezahlte Bauunternehmer fällt in Konkurs; der finanzierte Betrieb scheitert am Markt. Für den Vorwurf der Sittenwidrigkeit eignen sich solche Umstände aber schon deshalb nicht, weil sie erst nach dem Vertragsschluß eintreten. Bei diesem selbst wird typischerweise nur ein mehr oder minder großes Risiko erkennbar sein. Dieses aber wird den Kreditgeber häufig überhaupt nichts angehen, weil die Kreditverwendung nicht seine Sache ist und er daher die hieraus folgenden Risiken billigerweise nicht tragen kann. Aber auch wenn der Kredit zu einem bestimmten Zweck gewährt wird, sehe ich nicht, wie die mit diesem Zweck verbundenen Risiken zur Sittenwidrigkeit führen sollen: Regelmäßig ist es für den Kreditgeber allenfalls ein Gebot des eigenen Interesses, den Kreditnehmer an der Eingehung von Risiken zu hindern; allenfalls bestehen hier Warnungspflichten.

Eine Ausnahme dürfte nur gelten, wenn die geplante Kreditverwendung von vornherein aussichtslos und daraus eine kaum abtragbare Verschuldung des Kreditnehmers unvermeidbar ist: Solche Geschäfte sollte eine Bank schon im Interesse ihrer eigenen Einleger nicht finanzieren. Gleiches gilt, wenn Zins- und Rückzahlungsraten vereinbart werden, die der Kreditnehmer offensichtlich von vornherein nicht einhalten kann. In solchen Fällen der anfänglichen Aussichtslosigkeit halte ich bei Kenntnis des Kreditgebers den Vorwurf der Sittenwidrigkeit für angebracht[21].

---

20 Im Anschluß an die Leitentscheidungen BGHZ 80, 153 kritisch etwa *Koziol*, AcP 188 (1988) 182, umfassend neuestens *Bülow*, Sittenwidriger Konsumentenkredit, 2. Aufl. 1992, mit allen Nachweisen.

21 Diese Ansicht habe ich (für die Bürgschaft) schon in ZIP 1989, 817 (819 f.) im Anschluß an BGHZ 107, 92 ausgesprochen und begründet. Weniger streng formuliert BGH NJW 1991, 923 mit Anm. *Grün*, anders wieder BGH ZIP 1992, 233. Letzte Darstellung mit vielen Nachweisen bei *Stumpf*, Jura 1992, 417.

2. Weitere Hilfsmittel

a) An weiteren materiellrechtlichen Hilfsmitteln für den Kreditnehmer, der die Valuta eingebüßt hat, kommen vor allem Ersatzansprüche wegen der *Verletzung einer Aufklärungspflicht* des Kreditgebers in Betracht. Voraussetzung dafür ist aber wenigstens, daß dieser Risiken der geplanten Kreditverwendung kannte oder kennen mußte, die dem Kreditnehmer unbekannt waren. Doch soll das hier nicht weiter vertieft werden.

b) An eine Anwendung der Lehre von der *Geschäftsgrundlage* kann man vor allem in zwei Situationen denken[22]. Dabei geht es erstens um den schon erwähnten Fall, daß die geplante Kreditverwendung mißlingt. Zweitens kommt in Betracht, daß der Schuldner die ersichtlich für die Rückzahlung vorgesehene Einkommensquelle verliert, also insbesondere arbeitslos wird.

Was zunächst die *geplante Kreditverwendung* angeht: Deren Gelingen wird nur unter ganz besonderen Umständen Geschäftsgrundlage sein können. Denn der Rollentrennung von Kreditgeber und Kreditverwender entspricht eine gleiche Trennung der Risikosphären: Der Kreditgeber ist an dem Verwendungsrisiko so wenig zu beteiligen wie an einem besonderen Verwendungserfolg. Daher kann – ganz ungewöhnliche Gestaltungen ausgenommen – das Gelingen der Kreditverwendung nicht einmal dann Geschäftsgrundlage sein, wenn der Kreditgeber diese Verwendung gekannt und gebilligt hat. Beteiligt wird er an dem Mißerfolg nur, wenn er die unglückliche Verwendung schuldhaft selbst veranlaßt hat; dann wird nämlich Schadensersatz wegen der Verletzung einer Beratungspflicht geschuldet.

Ähnlich selten wird man das *Fortbestehen* der für die Rückzahlung vorgesehenen *Einkommensquelle* als Geschäftsgrundlage des Kreditvertrags bewerten können. Denn wenn sich der Kreditgeber eine solche Quelle nachweisen läßt – etwa durch Vorlage einer Verdienstbescheinigung – , will er damit ersichtlich nur im eigenen Interesse ein Mindestmaß an Wahrscheinlichkeit für das Rückzahlungsvermögen des Schuldners ermitteln. Diese Vorsichtsmaßnahme kann also nicht dazu führen, die Rückgewährschuld über die Lehre von der Geschäftsgrundlage gleichsam auf die nachgewiesene Einkommensquelle zu beschränken[23].

---

22 Dazu *Medicus*, ZIP 1989, 817 (822), auch AcP 188 (1988) 489 (503 f).

23 Und noch weniger durch eine Art von Analogie zur beschränkten Gattungsschuld, vgl. *Medicus*, AcP 188, 489 (493 ff) gegen *Reifner*, Alternatives Wirtschaftsrecht am Beispiel der Verbraucherverschuldung, Neuwied 1979, S. 308 ff.

Vielmehr bleibt der Schuldner für die Rückzahlung zugleich frei und verantwortlich: Einerseits darf er die angegebene Einkommensquelle noch aufgeben, also etwa seinen Arbeitsplatz kündigen. Auch darf er die Rückzahlung aus anderen Quellen leisten, etwa aus einer Erbschaft. Andererseits aber bleibt er sogar nach unverschuldetem Verlust der angegebenen Einkommensquelle noch verpflichtet: Die Geldschuld bedeutet eben eine Beschaffungsschuld ohne Einschränkung der Beschaffungspflicht auf eine bestimmte Einkommensquelle. Für die Lehre von der Geschäftsgrundlage kommen also nur Fälle in Betracht, in denen die Parteien ausnahmsweise eine Beteiligung des Kreditgebers an dem Beschaffungsrisiko vorausgesetzt haben.

c) Materiellrechtlich bleibt danach bloß noch die aus §242 BGB abgeleitete Möglichkeit, die *Geltendmachung* offensichtlich uneinbringlicher Kreditansprüche richterrechtlich *zu hemmen*. Doch wird die Uneinbringlichkeit gesetzlich beim Vollstreckungsschutz berücksichtigt. Weitergehende Rechtsfolgen müßten die Verzinsungspflicht oder die Belastung mit den Prozeßkosten betreffen. Das kommt aber wohl nur unter besonderen, eng zu begrenzenden Voraussetzungen in Betracht.

3. Ergebnis

Für Kreditgeschäfte ist daher zusammenfassend zu sagen: Der Vorwurf der Sittenwidrigkeit muß in erster Linie bei der übermäßigen Höhe der vereinbarten Vergütung ansetzen. Dagegen kann er sich kaum je auf das Mißglücken der Kreditverwendung oder den Wegfall der für die Rückzahlung vorgesehenen Einkommensquelle stützen. Auch die Lehre von der Geschäftsgrundlage kann bei beiden Komplikationen regelmäßig nicht helfen. Gleiches gilt für den Vorwurf rechtsmißbräuchlicher Geltendmachung. Überdies bleibt dem Kreditnehmer selbst bei Annahme von Nichtigkeit die Rückzahlung des Empfangenen nicht erspart. Insoweit kann also das materielle Recht den Weg in den „Schuldturm“ kaum hindern. Die Verantwortung dafür, daß der Aufenthalt dort nicht in Konflikt mit der Menschenwürde gerät, liegt also fast ganz beim Vollstreckungsrecht.

VI. Sicherungsgeschäfte

Damit komme ich zu den problematischeren Sicherungsgeschäften. Dabei kann ich mich auf diejenigen Geschäfte beschränken, mit denen eine persönliche Haftung übernommen wird. Denn die Verpfändung bloß einzelner Gegenstände führt schlimmstenfalls nur zu deren Verlust, aber nicht in den „Schuldturm".

1. Sittenwidrigkeit

Was zunächst den Vorwurf der Sittenwidrigkeit angeht: Dieser bildet bei den persönlichen Sicherungsgeschäften den meistumstrittenen Punkt der „Schuldturmdiskussion". Insoweit zeigen sich tiefe Meinungsunterschiede in der Literatur; auch der IX. und der XI. ZS des BGH stimmen wohl nicht überein[24].

a) Allerdings entfällt bei persönlichen Sicherungsgeschäften derjenige Gesichtspunkt, an dem bei Kreditgeschäften das Sittenwidrigkeitsurteil hauptsächlich ansetzt: Das Verhältnis zwischen Leistung und Gegenleistung sei unangemessen. Denn die Bürgschaft wird vom BGB nicht als entgeltlicher Vertrag aufgefaßt (und das entspricht bei den für die „Schuldturmproblematik" in Betracht kommenden Fällen auch der Lebenswirklichkeit)[25]. Schuldmitübernahme und Schuldbeitritt vollends sind überhaupt nicht als obligatorische Verpflichtungsgeschäfte geregelt.

Auch die Problematik der Leistungsunfähigkeit stellt sich für Sicherungsgeschäfte anders dar als für Kreditgeschäfte. Denn der Kreditnehmer weiß, daß er das Kapital zurückzahlen und überdies Zinsen leisten muß. Häufig verteilen sich diese Pflichten auch auf gleichbleibende Monatsraten, die der Kreditnehmer in Beziehung zu seinem laufenden Einkommen setzen kann. Dagegen weiß der Sicherungsgeber nicht, ob und wann er wird zahlen müssen; typischerweise vertraut er sogar darauf, die Inanspruchnahme werde ihm ganz erspart bleiben. Zudem geschieht diese oft erst, wenn der Kreditnehmer schon längere Zeit im Rückstand und

24 Vgl. oben Fn. 21, dazu das Gespräch *Merz – Gerhardt* in ZRP 1991, 307 sowie letztens *H.P.Westermann,* Die Bedeutung der Privatautonomie im Recht des Verbraucherkredits, FS Herm. Lange, Stuttgart 1992, S. 995.

25 Nämlich sogar insofern, als der Bürge nicht einmal vom Hauptschuldner ein direktes Entgelt erhält. Zu indirekten Vorteilen s. unten S. 103.

der Kredit womöglich insgesamt fällig gestellt ist (vgl. § 12 VerbrKrG). Den Sicherungsgeber trifft seine Leistungspflicht also oft unerwartet und sogleich mit einem hohen Betrag.

Hierin zeigt sich zugleich die Abhängigkeit des Sicherungsgebers vom Verhalten des Kreditnehmers: Wenn dieser schlecht wirtschaftet, geht das zu Lasten des Sicherungsgebers. Der dann unter Umständen nach § 775 BGB bestehende Befreiungsanspruch gegen den Kreditnehmer wird sich gerade in den kritischen Fällen häufig nicht durchsetzen lassen.

b) Alle bisher genannten Nachteile für den Sicherungsgeber sind aber Folgen der gesetzlichen – nicht der rechtsgeschäftlichen – Ausgestaltung der Sicherungsgeschäfte. Sie dürfen daher weder einzeln noch in ihrer Gesamtheit zur Annahme von Sittenwidrigkeit führen. Vielmehr müssen *weitere Umstände* hinzutreten. Hierfür werden vor allem zwei genannt: nämlich erstens familiäre Beziehungen zwischen Sicherungsgeber und Kreditnehmer sowie zweitens das unzulängliche Leistungsvermögen des Sicherungsgebers.

aa) Zunächst zu den *familiären Bindungen*: Auf sie kann nach meiner Ansicht der Vorwurf der Sittenwidrigkeit nicht gestützt werden. Denn das Bereitstellen einer nicht zu vergütenden Sicherung kann der Kreditnehmer typischerweise überhaupt nur von Personen erwarten, die ihm nahestehen. Andererseits sind es aber auch gerade solche Personen, die an den Vorteilen aus der Kreditverwendung teilhaben können: So mag der mit dem Kredit finanzierte Gewerbebetrieb, für den sich die Ehefrau verbürgt hat, zum Familienunterhalt beitragen; oder die Kinder, die für einen Baukredit geradestehen, mögen das bebaute Grundstück erben.

Dabei halte ich es auch für unerheblich, ob die Sicherheiten spontan angeboten worden sind, oder ob der Kreditgeber sie verlangt hat. Denn diese Sicherheiten sollen nur gewährleisten, daß der Kreditgeber dasjenige bekommt, was ihm sittengemäß gebührt. Daher muß es ihm freistehen, die Kreditvergabe an Sicherstellung zu knüpfen; die anerkannte Grenze bildet nur die Übersicherung.

bb) Damit bleibt der zweite Gesichtspunkt, nämlich daß der Eintritt des Sicherungsfalls den weniger finanzkräftigen Sicherungsgeber *überfordern* kann: Allein hierdurch droht ja auch der „Schuldturm“.

Zweifelhaft ist freilich schon der Maßstab, mit dem eine solche Überforderung zu ermitteln ist[26]. Denn der Sicherungsgeber wird anders als

---

26 Dazu schon *Medicus*, ZIP 1989, 817 (820 f).

der Kreditnehmer nur bedingt belastet, nämlich nur bei Leistungsunfähigkeit des Kreditnehmers. Aussichtslos kann die Lage des Sicherungsgebers bei Abschluß des Sicherungsgeschäfts also allenfalls dann sein, wenn zu diesem Zeitpunkt mit einer Leistung durch den Kreditnehmer nicht zu rechnen ist. Unter dieser Voraussetzung scheitert aber bei gleichzeitigem Abschluß von Kredit- und Sicherungsgeschäft schon das Kreditgeschäft an § 138 BGB, wenn der Kreditgeber die aussichtslose Lage des Kreditnehmers erkannt hat. Bei akzessorischen Sicherungsgeschäften führt das automatisch auch zu deren Wirkungslosigkeit. Danach bleiben für eine eigenständige Sittenwidrigkeit des Sicherungsgeschäfts wegen Aussichtslosigkeit nur noch wenige Fallgruppen übrig.

Allerdings fordern manche[27], für die Sittengemäßheit einer Bürgschaft strengere Maßstäbe zu verwenden als die für das Kreditgeschäft geltenden. Als Grund kann man die Unentgeltlichkeit der Bürgschaft nennen, aber auch die Ungewißheit des Bürgen hinsichtlich seiner künftigen Zahlungspflicht und den hieraus folgenden Leichtsinn, vor dem die Schriftform (§ 766 BGB) nur unzulänglich schützt. Indessen: Gerade bei der Kreditsicherung durch Familienangehörige ist die Unentgeltlichkeit ein schwaches Argument, weil es hier wie schon gesagt viele Möglichkeiten mittelbarer Vorteile gibt. Hat der Sicherungsnehmer einen besonderen Leichtsinn selbst gefördert (etwa durch die Beteuerung, die Bürgschaft bedeute eine „reine Formalität", oder es werde nur eine „Unterschrift für die Akten" gebraucht), so kann der Sicherungsgeber wegen arglistiger Täuschung nach § 123 BGB anfechten. Die genannten Umstände verlangen also keinen strengeren Maßstab für die Bejahung von Sittenwidrigkeit.

cc) Über den bisher erörterten Gesichtspunkten familiäre Bindungen und unzulängliches Leistungsvermögen steht aber noch ein *umfassenderes Argument*, nämlich die wünschenswerte Solidarität im Familienverband. Allerdings erleben wir generell eher einen Zerfall familiärer Bindungen. Aber auch heute noch halten Familien häufig zur Erreichung eines gemeinsamen Zwecks zusammen. Als Beispiele seien nur der Bau oder Erwerb eines Familienheims sowie die Erhaltung oder der Ausbau eines für die Familie wichtigen Betriebs genannt. Bei solchen Vorhaben hängt es oft schon von mehr beiläufigen Umständen des Einzelfalls ab, ob etwa beide Ehegatten als Kreditnehmer auftreten oder nur der eine als Kreditnehmer und der andere als Bürge. Schon das sollte vor einer

---

27 Etwa *Reinicke/Tiedtke,* ZIP 1989, 613 (615 f).

allzu raschen Verschiedenbehandlung von Kredit- und Sicherungsgeschäften warnen.

Vor allem aber ist zu bedenken, daß eine Haftungssolidarität, wie sie durch Sicherungsgeschäfte erreicht werden kann, die Kreditwürdigkeit erhöht. Denn erstens verstärken so Einkommen und Vermögen aller beteiligten Familienmitglieder die Haftungsgrundlage. Und zweitens wird hiermit auch die Furcht des Kreditgebers vor Vermögensverschiebungen unter diesen Mitgliedern[28] beseitigt. Die derart solidarische Familie kann also Ziele erreichen, für die der Kredit eines einzelnen Familienmitglieds nicht genügen würde. Man darf also nicht das Instrument einer solchen Solidarität – nämlich die Sicherungsgeschäfte – gerade wegen seiner Bedingtheit durch die Familie als sittenwidrig bewerten. Umso unverständlicher ist mir das in einer Zeit, welche die Solidarität so hoch schätzt, daß sie mit ihr sogar die Finanzierung der deutschen Wiedervereinigung betreibt[29].

Die genannten Gedanken werden bestätigt durch einen Blick in die jüngere Vergangenheit seit 1948. Anscheinend sind mit solcher Familiensolidarität wahrscheinlich millionenfach Familienheime gebaut oder erworben worden. Dabei ging es vielfach um erhebliche Risiken, weil die Entwicklung der wichtigsten Kreditgrundlage, nämlich der künftigen Einkommen, noch nicht abzusehen war. Die so erworbenen Vermögensstücke bilden heute einen sozialpolitisch besonders wertvollen Kern der Altersversorgung und zugleich für die jüngeren Generationen das Prunkstück vieler Erbschaften. Mit Recht kommt niemand auf den Gedanken, die Wirksamkeit der damals vereinbarten Finanzierungen anzuzweifeln, weil hohe Risiken übernommen oder familiäre Bindungen ausgenutzt worden seien. Das zeigt noch einmal schlagend, wie wenig sich §138 BGB als Instrument gegen riskante Finanzierungen eignet: *Anstößig ist regelmäßig nicht die Risikoübernahme, sondern die Wirkung ihres Mißlingens.* Abgesehen von den Fällen der von vornherein bestehenden Aussichtslosigkeit liegt ein solches Mißlingen aber erst nach den Vertragsabschlüssen und kann daher nicht zur Sittenwidrigkeit des Sicherungsgeschäfts führen.

---

28 Diese Furcht bewertet BGH NJW 1991, 923 (925) mit dem Hinweis auf das AnfG und § 826 BGB doch wohl zu gering; kritisch auch *Hadding,* WuB I E 1 4.91.

29 Nämlich mit dem „Solidaritätszuschlag“; danach und nach vielen anderen Beispielen sollte Solidarität doch eher positiv bewertet werden, auch wenn sie wehtut!

2. Weitere Hilfsmittel

Nach dieser ausführlichen Behandlung der Sittenwidrigkeit kann die Erörterung der weiteren Mittel zur Hilfe für den Sicherungsgeber knapper ausfallen.

a) *Pflichten zu einer Aufklärung* des Sicherungsgebers kommen insbesondere hinsichtlich des zu übernehmenden Risikos in Betracht. Wegen der speziellen Behandlung, die diese Pflichten heute schon erfahren haben, lasse ich es hier bei der bloßen Erwähnung.

b) Weiter helfen kann eine *Inhaltskontrolle* der Sicherungsverträge, insbesondere wenn diese Allgemeine Geschäftsbedingungen des Sicherungsgebers darstellen. Für eine Kontrolle dürften etwa Unklarheiten bei der Beschreibung des zu sichernden Risikos oder bei der Obergrenze der Sicherung in Betracht kommen. Auf solche Unklarheiten kann mit §5 AGBG oder dem – hier nicht näher zu erörternden – Transparenzgebot[30] reagiert werden.

c) An die Lehre von der *Geschäftsgrundlage* wird man zwar in nicht wenigen Fällen denken können, doch wird sie nur selten zu einem Erfolg führen. Das gilt einmal für den Umstand, daß die Sicherung überhaupt in Anspruch genommen werden muß: Zwar mag der Sicherungsgeber, für den Sicherungsnehmer erkennbar, vom Gegenteil ausgegangen sein. Aber das bedeutet eine bloße Spekulation, die sich mit der Ernstlichkeit des Sicherungsgeschäfts nicht verträgt und daher die Geschäftsgrundlage nicht beeinflussen kann[31]. Im Ergebnis ebenso verhält es sich mit der Erwartung des Sicherungsgebers, sein Näheverhältnis zu dem Kreditnehmer – etwa die mit diesem bestehende Ehe – werde erhalten bleiben: Die Risiken für die Fortdauer der Ehe sind dem Kreditgeber derart fremd, daß er sich auf diese billigerweise nicht einzulassen braucht[32]. Es wäre ja auch seltsam, wenn etwa die Ehefrau ihre Bürgschaftsverpflichtung durch eine Scheidung beenden könnte.

d) Etwas mehr Raum sehe ich dafür, die *Inanspruchnahme* des Sicherungsgebers nach Treu und Glauben auf Zeit *zu hemmen*. Denn wie schon bemerkt, kann der Sicherungsfall plötzlich eintreten; man darf kaum erwarten, daß der Sicherungsgeber hierfür dauernd Liquidität vor-

---

30 Dazu bereits oben Fn. 10.

31 Ebenso BGH BB 1988, 231.

32 Vgl. schon oben Fn. 11.

hält. Die Hemmung sollte ihm dann die Beschaffung dieser Liquidität ermöglichen. Daß sie auch den Schuldnerverzug des Bürgen ausschließt, nutzt freilich wenig: Dieser haftet ja nach § 767 Abs. 1 Satz 1 und 2 BGB schon für den regelmäßig vorliegenden Schuldnerverzug des Hauptschuldners.

3. Ergebnis

Insgesamt hat nach dem Gesagten der Sicherungsgeber vom materiellen Recht kaum mehr Hilfe zu erwarten als der Kreditnehmer: Zwar wird der Sicherungsgeber bei Nichtigkeit des Sicherungsgeschäfts völlig frei, doch ist für die Annahme solcher Nichtigkeit nur selten Raum. Daher muß auch im Hinblick auf den Sicherungsgeber das Vollstreckungsrecht so ausgestaltet sein, daß selbst im „Schuldturm" die Menschenwürde gewahrt bleibt.

VII. Zusammenfassende Bewertung

Den Gegnern einer extensiven Anwendung des § 138 BGB, zu denen nach dem Gesagten auch ich gehöre, wird ein Beschluß des BVerfG[33] zur notwendigen Beschränkung der Privatautonomie bei „gestörter Vertragsparität" entgegengehalten. Auch werden teils sehr emotionale Vorwürfe bis hin zu demjenigen der „Herzlosigkeit"[34] erhoben. Beides ist unrichtig.

Was zunächst das BVerfG angeht: Dessen Beschluß betrifft eine Vereinbarung über ein entschädigungsloses Wettbewerbsverbot, also eine Einschränkung des Grundrechts aus Art. 12 GG. Darum geht es bei dem „modernen Schuldturm" nicht. Für diesen ist nicht einmal richtig, daß er allemal eine Folge gestörter Vertragsparität wäre (wobei übrigens auch dieser Begriff kritisches Nachdenken verdient): Sogar Kaufleute, die sich verspekulieren oder deren Schuldner zahlungsunfähig werden, können

---

33 BVerfGE 81, 242 v.7.2.1990, dazu *Medicus,* AcP 192 (1992) 35 (64) mit Nachweisen in Fn. 102, dazu noch *Westermann,* aaO (Fn. 24), 995 (1011 f).

34 So LG Münster NJW 1990, 1668 (1871), vgl. schon vorher *H. Honsell,* JZ 1989, 485: „der eisige Wind der Privatautonomie des ausgehenden 19. Jahrhunderts". Angesichts solcher Ausdrücke spricht *Westermann,* aaO (Fn. 24), S. 997 nicht zu Unrecht von einem „sozialpolitischen Kriegsschauplatz".

in hohe Schulden geraten. Zudem gibt es für den Verbraucherkredit jetzt umfangreiche, die Vertragsparität fördernde Schutzvorschriften. Schwach ist der Übereilungsschutz allerdings einstweilen bei den Sicherungsgeschäften. Aber daraus folgt keineswegs, daß dieser Schutz gerade über den dafür schlecht geeigneten § 138 BGB gewährt werden müßte.

Dieses Argument ist zugleich dem *Vorwurf der „Herzlosigkeit"* entgegenzuhalten: Die vorschnelle Verkürzung der Perspektive auf § 138 BGB mag in Einzelfällen zu einem befriedigenden Ergebnis führen. Aber sie verfehlt viele andere Seiten der Schuldturmproblematik: Sie versagt im ganzen nichtrechtsgeschäftlichen Bereich; sie ist ungeeignet für alle nach dem Vertragsschluß eintretenden Umstände; sie deformiert schließlich den Sittenwidrigkeitsvorwurf und beschränkt die rechtsgeschäftliche Entfaltungsmöglichkeit gerade für die Schwachen: Insoweit kann man geradezu von einer „Teilentmündigung ohne Betreuer" sprechen. Diese Nachteile vermeidet weitgehend ein Schutz, der bei der Zwangsvollstreckung angesiedelt ist: Dies ist der einzige geeignete Standort für einen wirklich umfassenden Schuldnerschutz. Nur hier und nicht bei § 138 BGB kann zudem ein Problem gelöst werden, das bei der Verbraucherverschuldung eine erhebliche Rolle spielen dürfte: nämlich die Überschuldung aus dem Zusammentreffen mehrerer, isoliert betrachtet unbedenklicher (und daher auch mit § 138 BGB nicht erfaßbarer) Verbindlichkeiten. Nur die ins einzelne gehenden Vorschriften über die Zwangsvollstreckung gewährleisten endlich diejenige Rechtssicherheit, deren es gerade dann bedarf, wenn die Überschuldung zum Massenproblem wird.

Erlauben Sie mir daher auf den polemischen Vorwurf der „Herzlosigkeit" eine nicht minder pointierte Antwort: Für einen Juristen genügt es nicht, „Herz" zu haben; wenn es nur darauf ankäme, könnten wir gleich den Schäfer auf der Weide entscheiden lassen. Für „Herz" allein ist unsere Wirtschafts- und Rechtsordnung viel zu kompliziert. Nötig ist dagegen ein Überblick über das ganze Instrumentarium unserer Privatrechtsordnung. Mit diesem Überblick kann man § 138 BGB in der ihm angemessenen beschränkten Rolle lassen. Denn man erkennt, daß die Schuldturmproblematik sachgerecht und umfassend nur an einer anderen Stelle bewältigt werden kann. Daß eben das an dieser passenden Stelle geschieht, dafür sollte man allerdings auch das Herz einsetzen und sei es durch eine Vorlage beim BVerfG.

Gestatten Sie mir ganz zum Schluß noch eine kurze Bemerkung mehr am Rande der Dogmatik: Nach dem hier vertretenen Standpunkt sind Härten vor allem solange möglich, wie sich das Vollstreckungsrecht nicht in dem wünschenwerten Zustand befindet. Solche Härten zu mildern ist dann dem Herzen des Gläubigers aufgegeben. Dabei geht es aber nicht nur um das Herz. So mag die verlustreiche, aber schnelle Erledigung einer hoffnungslos gewordenen Verbindlichkeit insgesamt billiger kommen als deren Verfolgung durch alle Gerichtsinstanzen. Ein Angebot zu Teilzahlungen, deren Einhaltung mit einem Restschulderlaß verbunden ist, mag den Schuldner und dessen Familie zu sonst nicht erzwingbaren Anstrengungen veranlassen. Endlich ist auch der Gewinn an Akzeptanz in der Öffentlichkeit zu bedenken: Dieser dürfte es unverständlich bleiben, wenn die (gewiß notgedrungen) gegenüber milliardenhoch verschuldeten Staaten oder gegenüber der Coop AG[35] gezeigte Großzügigkeit dem kleinen Schuldner vorenthalten wird. Herz zu beweisen mag sich also für den Gläubiger sogar auszahlen.

---

35 Vgl. den Tatbestand von BGH ZIP 1992, 191.

Der moderne Schuldturm und das Insolvenzrecht

Dr. Hans-Georg Landfermann
Ministerialrat im Bundesministerium der Justiz, Bonn

I. Insolvenzrecht als Entschuldungsrecht?
   1. Das geltende Konkurs- und Vergleichsrecht
   2. Rechtsgeschichte und Rechtsvergleichung zeigen andere Lösungen
   3. Die Entwicklung der rechtspolitischen Diskussion in Deutschland

II. Die Restschuldbefreiung im Regierungsentwurf der Insolvenzordnung
   1. Die Struktur des künftigen Insolvenzverfahrens
   2. Der Insolvenzplan als Sanierungs- und Schuldenbereinigungsplan
   3. Die gesetzliche Restschuldbefreiung

III. Ausblick auf die Behandlung des Entwurfs im Deutschen Bundestag

I. Insolvenzrecht als Entschuldungsrecht?

1. Das geltende Konkurs- und Vergleichsrecht

Der Gedanke, das Insolvenzrecht zur Entschuldung breiter Bevölkerungskreise einzusetzen, mag manchem fremdartig erscheinen. In der Tat ist die Konkursordnung, das wichtigste geltende Insolvenzgesetz, eindeutig auf die bestmögliche Befriedigung der Gläubiger ausgerichtet. Das Konkursverfahren wird eingeleitet, wenn die Einzelzwangsvollstreckung nicht mehr für alle Gläubiger zum Erfolg führt. In der Situation, in der der Schuldner nicht mehr in der Lage ist, alle seine Gläubiger voll zu befriedigen, soll vermieden werden, daß einige Gläubiger noch alles, andere gar nichts mehr bekommen. Bei Insolvenz des Schuldners wird die Einzelzwangsvollstreckung durch die Gesamtvollstreckung im Konkursverfahren ersetzt.

Am Interesse der Gläubiger orientiert sich auch die Regelung der Konkursordnung über das freie Nachforderungsrecht der Gläubiger. Nach der Beendigung des Konkursverfahrens können die Gläubiger den Teil ihrer Forderungen, der im Verfahren offengeblieben ist, unbeschränkt gegen den Schuldner geltend machen (§164 Abs. 1 KO). Die Durchsetzung dieser Forderungen wird den Gläubigern sogar noch dadurch erleichtert, daß die im Verfahren nicht bestrittenen Forderungen als rechtskräftig festgestellt gelten. Der Auszug aus der Konkurstabelle bildet einen Vollstreckungstitel gegen den Schuldner (§164 Abs. 2 KO). Die so festgestellten Forderungen verjähren erst nach dreißig Jahren (§218 Abs. 1 BGB), und die Verjährung kann jederzeit durch Vollstreckungshandlungen unterbrochen werden (§ 209 BGB). Der Schuldner kann also bis an sein Lebensende von seinen Gläubigern verfolgt werden. Selbstverständlich gilt dies nur für die Insolvenz einer natürlichen Person. Juristische Personen werden durch die Eröffnung des Konkursverfahrens aufgelöst und regelmäßig im Verfahren vollständig abgewickelt.[1] Bei juristischen Personen geht das freie Nachforderungsrecht der Konkursgläubiger ins Leere.

Das Interesse des Schuldners, der eine natürliche Person ist, an einer endgültigen Schuldenbereinigung wird vom geltenden Recht insbesondere dadurch berücksichtigt, daß der Vergleich nach der Vergleichsordnung und der Zwangsvergleich im Konkurs zur Verfügung stehen. Wer ohne vorwerfbares Verhalten in Vermögensverfall geraten ist, kann versuchen, sich in einem solchen Vergleich mit seinen Gläubigern zu arrangieren. Die Hürden, die auf diesem Weg überwunden werden müssen, sind aber sehr hoch: Ein Vergleich nach der Vergleichsordnung kann nur zustande kommen, wenn der Schuldner alle gesicherten Gläubiger und alle bevorrechtigten Gläubiger voll befriedigt und den verbleibenden Gläubigern mindestens 35 % auf ihre Forderungen bietet, bei einer Zahlungsfrist von mehr als einem Jahr sogar mindestens 40 %[2]. Wenn ein Unternehmen in wirtschaftliche Schwierigkeiten gerät, das – wie heute üblich – ganz überwiegend mit Fremdkapital finanziert ist, kann es diese Voraussetzungen nicht erfüllen. Darin liegt die Erklärung, warum das gerichtliche Vergleichsverfahren heute kaum noch praktische Bedeutung

---

1 Vgl. z.B. §262 Abs. 1 Nr. 3, §264 Abs. 1 AktG; §60 Abs. 1, § 66 Abs. 1 Nr. 4 GmbHG.

2 §7 Abs. 1 und 2, §§25, 26 VerglO.

hat. Im Jahre 1991 sind im alten Bundesgebiet bei insgesamt 12922 Insolvenzen gerade noch 39 Vergleichsverfahren eröffnet worden – das sind ungefähr 3 Promille.[3] Die Chancen für das Zustandekommen eines Zwangsvergleichs im Konkurs sind etwas besser, weil für diese Art von Vergleich keine starre Mindestquote vorgesehen ist.[4] Auch hier bleibt aber das große Hindernis, daß nicht nur die gesicherten, sondern auch die bevorrechtigten Gläubiger voll befriedigt werden müssen.[5] Im Regelfall einer Insolvenz ist daran nicht zu denken: In der großen Mehrzahl der Fälle ist ja nicht einmal genügend Masse vorhanden, um das Konkursverfahren überhaupt eröffnen zu können.

Als Mittel zur Entschuldung von nicht gewerblich tätigen Personen, also insbesondere von Arbeitnehmern, ist das geltende Konkurs- und Vergleichsrecht noch aus weiteren Gründen nicht geeignet. Der wichtigste Vermögensgegenstand eines Arbeitnehmers, das laufende Arbeitseinkommen, wird vom Konkursverfahren gerade nicht erfaßt. Zur Konkursmasse gehört nur das bei Verfahrenseröffnung vorhandene Vermögen, nicht das, was der Schuldner während des Verfahrens erwirbt (§ 1 Abs. 1 KO). Konsequenterweise wird die Wirksamkeit einer Pfändung oder Vorausabtretung des laufenden Arbeitseinkommens von der Eröffnung des Konkursverfahrens nicht berührt. Selbst wenn diese Verfügung unmittelbar vor der Konkurseröffnung vorgenommen worden ist, kann sie nicht mit der Konkursanfechtung angegriffen werden. Die Eröffnung eines Vergleichsverfahrens hat im Grundsatz ebenfalls keine Auswirkungen auf Pfändungen oder Vorausabtretungen von Arbeitseinkommen. Nur wenn eine Pfändung im letzten Monat vor dem Vergleichsantrag erfolgt ist, könnte sie der sogenannten Rückschlagsperre unterfallen[6]. Regelmäßig steht also im Fall der Arbeitnehmerinsolvenz kein unbelastetes Vermögen zur Verfügung, dessen Verteilung an die Gläubiger Gegenstand eines Vergleichs sein könnte.

---

3 *Angele,* Insolvenzen 1991, Wirtschaft und Statistik 1992, 171.

4 Vgl. § 187 KO.

5 Vgl. § 173 KO.

6 §§ 28, 87, 104 VerglO. Der Anwendungsbereich dieser Vorschriften ist nach Wortlaut und Regelungszweck nicht auf die Zwangsvollstreckung in solche Gegenstände zu beschränken, die im Falle der Konkurseröffnung zur Konkursmasse gehören würden.

2. Rechtsgeschichte und Rechtsvergleichung zeigen andere Lösungen

Das freie Nachforderungsrecht der Konkursgläubiger hat in Deutschland nicht immer und überall gegolten. Die Hamburger „Neue Falliten-Ordnung“ von 1753, einer der Vorläufer der Konkursordnung, unterschied zwischen dem unglücklichen, dem leichtsinnigen und dem vorsätzlichen Schuldner; die Nachforderung war gegen den unglücklichen Schuldner ausgeschlossen und gegen den leichtsinnigen eingeschränkt.[7] In den Gebieten Deutschlands, in denen das römische Recht als Gemeines Recht fortgalt, war ein Nachforderungsrecht der Konkursgläubiger grundsätzlich nur unter der Voraussetzung gegeben, daß der Schuldner in bessere Vermögensverhältnisse gelangte und das neue Vermögen nicht zum Unterhalt seiner Familie erforderlich war (sogenanntes beneficium competentiae)[8]; eine ähnliche Regelung findet sich noch heute im Recht der Schweiz: Die Konkursgläubiger dürfen nach der Beendigung des Konkursverfahrens nur dann gegen den Schuldner vollstrekken, wenn dieser „zu neuem Vermögen gekommen ist“.[9]

Das englische Recht und das Recht der USA sind die Musterbeispiele für Rechtsordnungen, die das Insolvenzverfahren mit einer Schuldbefreiung verknüpfen.[10]

In England hat der Gedanke, daß eine insolvente natürliche Person nach Durchführung eines Konkursverfahrens von ihren restlichen Verbindlichkeiten befreit wird, eine lange Tradition. Die Art und Weise dieser sogenannten „discharge“, Entlastung, liegt weitgehend im Ermessen des Richters. In der Regel tritt sie erst einige Jahre nach der Beendigung des Insolvenzverfahrens ein; der Richter kann sie von bestimmten Bedingungen abhängig machen, etwa davon, daß der Schuldner seine Gläubiger bis zu einem bestimmten Prozentsatz befriedigt. Der Richter wird insbesondere dann solche Bedingungen stellen, wenn der Schuldner

---

7 Vgl. die Darstellung des Hamburger Konkursrechts in *Hahn,* Die gesamten Materialien zur Konkursordnung, Berlin 1881, S. 464, 466.

8 Vgl. *Hahn,* aaO (Fn. 7), S. 342f.

9 §265 Abs. 2 Satz 2 Schuldbetreibungs- und Konkursgesetz.

10 Kurze Übersichten über das Recht der „discharge“ im englischen und im amerikanischen Recht finden sich z.B. bei *Baur/Stürner* (Zwangsvollstrekkungs-, Konkurs- und Vergleichsrecht, Band II Insolvenzrecht, 12. Aufl., Heidelberg 1990, Rdn. 39.18, 39.29, 39.84, 39.90, 39.93 f) und bei *Menzinger* (Das freie Nachforderungsrecht der Konkursgläubiger, Berlin 1982, S. 17 bis 24).

sich vor Eintritt der Insolvenz nicht korrekt verhalten hat. Bestimmte Forderungen, etwa Forderungen aus unerlaubten Handlungen, Unterhaltsforderungen und Steuerforderungen sind von der Schuldbefreiung ausgenommen.

Im amerikanischen Recht sind die Voraussetzungen, unter denen eine „discharge" eintritt, konkreter geregelt.

Verschiedene Arten von Insolvenzverfahren sind zu unterscheiden: Im Reorganisationsverfahren stimmen die Gläubiger über einen Reorganisationsplan ab; in diesem Verfahren kann – wie in unserem heutigen Vergleichsverfahren – ein Schulderlaß von der Zustimmung einer Mehrheit von Gläubigern getragen werden. Das daneben mögliche Liquidationsverfahren erfaßt grundsätzlich nur das Vermögen, das dem Schuldner zur Zeit der Antragstellung gehört; wenn der Schuldner sich vor der Verfahrenseröffnung und während des Verfahrens redlich verhalten hat, führt es zur Restschuldbefreiung, von der allerdings – wie im englischen Recht – bestimmte Forderungskategorien ausgenommen sind. Für natürliche Personen mit regelmäßigem Einkommen steht ein besonderes Schuldenregulierungsverfahren zur Verfügung; es wird nur auf Antrag des Schuldners eröffnet, und es ist auch Sache des Schuldners, in diesem Verfahren einen Schuldenregulierungsplan vorzulegen. Inhalt dieses Plans ist in der Regel, daß der Schuldner mit seinem verfügbaren Einkommen drei bis fünf Jahre lang seine Gläubiger befriedigt. Die Zustimmung der Mehrheit der Gläubiger ist nicht erforderlich; vielmehr kontrolliert der Richter die Angemessenheit des Plans. Der vom Gericht bestätigte Plan führt zur Restschuldbefreiung, wenn der Schuldner die vorgesehenen Verpflichtungen während der Laufzeit des Plans erfüllt hat. Von dieser Art der „discharge" sind nur ganz wenige Forderungen ausgenommen.

Das französische Konkursrecht hat im vergangenen Jahrhundert entscheidenden Einfluß auf das deutsche Recht ausgeübt. Die konkursrechtlichen Vorschriften des Code de commerce waren das entscheidende Vorbild für die preußische Konkursordnung von 1855, die wiederum die Grundlage für die Konkursordnung des Reiches bildete. Daß in die deutsche Konkursordnung von 1877 keine gesetzliche Restschuldbefreiung aufgenommen wurde, wird in den Motiven unter anderem damit begründet, daß das französische Konkursrecht niemals derartige Beschränkungen der Gläubigerrechte zugelassen habe.[11]

---

11 *Hahn,* aaO (Fn. 7), S. 342.

Dieses französische Konkursrecht hat im Rahmen einer grundlegenden Reform von 1985 in der Frage der Schuldbefreiung eine scharfe Kehrtwendung vollzogen. Das neue französische Insolvenzgesetz sieht schlicht und einfach vor, daß nach der Liquidation des Schuldnervermögens im Insolvenzverfahren die Gläubiger ihre Ansprüche nicht mehr weiterverfolgen können. Ausnahmen sind insbesondere für Fälle strafbarer Handlungen und für eine wiederholte Insolvenz vorgesehen.[12]

Das französische Insolvenzverfahren steht allerdings grundsätzlich nur den Kaufleuten und den Handwerkern offen, nicht den Arbeitnehmern.[13] Zur Lösung des Problems der Verbraucherverschuldung hat Frankreich 1989 ein besonderes Gesetz erlassen. Es sieht ein zweistufiges Verfahren vor: Der Schuldner kann sich zunächst an eine besondere Schichtungskommission wenden, die einen Schuldenregulierungsplan für ihn erarbeitet. Dieser Plan bedarf der Zustimmung aller Beteiligten. Gelingt die gütliche Einigung nicht, kann das Gericht angerufen werden, das bestimmte Erleichterungen für den Schuldner, insbesondere die Stundung von Forderungen und die Reduktion von Zinssätzen, auch gegen den Willen der Gläubiger anordnen kann.[14]

3. Die Entwicklung der rechtspolitischen Diskussion in Deutschland

In Deutschland verstärkten sich Mitte der 70er Jahre die Rufe nach einer grundlegenden Reform des Konkurs- und Vergleichsrechts. Praktischer Hintergrund dieser Forderungen war die ständig zunehmende Massear-

---

12 Art. 169 des Gesetzes Nr. 85 – 98 vom 25. Januar 1985; dazu *Viandier/Endréo,* Redressement et Liquidation judiciaires, 1986, S. 126f.; *Baur/Stürner,* aaO (Fn. 10), Rdn. 39.12.

13 Art. 2 Abs. 1 des Gesetzes vom 25. Januar 1985; diese Beschränkung gilt nach Art. 234 des Gesetzes nicht im ehemaligen Elsaß-Lothringen.

14 Gesetz Nr. 89 – 1010 vom 31. Dezember 1989; dazu *Hugger,* RiW 1990, 527. – Auf der Fachtagung „Verbraucherkonkurs" der Arbeitsgemeinschaft der Verbraucherverbände am 23./24. September 1991 in Mainz berichtete Herr Bigot (Straßburg), daß im ersten Jahr der Geltung des französischen Verbraucherentschuldungsgesetzes bei den Schlichtungskommissionen rund 100000 Anträge gestellt worden sind, von denen rund 39000 geprüft wurden und rund 18500 zu einem von den Beteiligten akzeptierten Schuldenbereinigungsplan führten.

mut der Insolvenzen, die dazu führte, daß ein immer größerer Prozentsatz der Konkursanträge mangels Masse abgewiesen wurde und daß immer weniger Vergleichsverfahren eröffnet wurden.[15] Auf dem Kölner Insolvenzrechtskongreß 1977 zum hundertjährigen Bestehen der Konkursordnung wurden Stand und Reformbedürftigkeit des Konkursrechts in zahlreichen Beiträgen kritisch reflektiert.[16] In keinem dieser Beiträge spielte jedoch das Thema „Restschuldbefreiung" eine Rolle; das freie Nachforderungsrecht der Gläubiger war unangefochten. Als 1978 vom Bundesministerium der Justiz- die Kommission für Insolvenzrecht eingesetzt wurde und den Auftrag erhielt, eine umfassende Reform des Konkurs- und Vergleichsrechts vorzubereiten, war es nicht anders: Das Nachforderungsrecht wurde nicht problematisiert, und in die Kommission, die alle am Insolvenzrecht interessierten Kreise repräsentieren sollte, wurde kein Mitglied berufen, das die Sicht der überschuldeten natürlichen Person und deren Interesse an Schuldenbereinigung eingebracht hätte.

Erst während der Zeit der Kommissionsberatungen entwickelte sich eine rechtspolitische Diskussion um die Schuldbefreiung durch Konkurs. Sie wurde angestoßen insbesondere durch drei juristische Dissertationen zu diesem Thema, die nacheinander 1982, 1983 und 1984 erschienen.[17] Die Kommission für Insolvenzrecht setzte sich dann auch mit diesem Thema auseinander. Sie kam jedoch zu dem Ergebnis, daß „eine Restschuldbefreiung (discharge) nach anglo-amerikanischem Vorbild nicht in Betracht" komme. Im Rahmen des Insolvenzrechts könne dem Schuldner nur dadurch geholfen werden, daß die Voraussetzungen für das Zustandekommen eines Zwangsvergleichs herabgesetzt würden und daß dieser in einem vereinfachten Verfahren erreichbar gemacht werde. Falls dies nicht für ausreichend erachtet werde, um dem Überschuldungsproblem gerecht zu werden, müßten Lösungen außerhalb des

15 *Kilger,* KTS 1975, 142; *Uhlenbruck,* NJW 1975, 897.

16 Die Vorträge des Kongresses sind in der FS „Einhundert Jahre Konkursordnung 1877 – 1977", Köln 1977, veröffentlicht worden.

17 *Ackmann,* Schuldbefreiung durch Konkurs, Bielefeld 1983; *Knüllig-Dingeldey,* Nachforderungsrecht oder Schuldbefreiung, Göttingen 1984; *Menzinger,* aaO (Fn. 10). Schon vorher hatte *Heilmann* kurz, aber eindringlich auf das Problem hingewiesen: Die Schuldverstrickung natürlicher Personen nach dem Konkurs – ein soziales Unrecht, KTS 1975, 18. Vgl. weiter die bei *Ackmann,* aaO, S. 4 ff zitierten Literaturstimmen.

Insolvenzrechts geprüft werden, insbesondere Vollstreckungsbeschränkungen und Vertragshilfeverfahren.[18]

Die Anstöße aus der Wissenschaft wurden jedoch von anderen Stellen aufgegriffen. Die Verbraucherverbände setzten sich erstmals 1985 auf einer rechtsvergleichenden Tagung in Bremen mit dem Gedanken eines Verbraucherinsolvenzverfahrens auseinander.[19] Der entscheidende Schritt erfolgte 1986, als der damalige Bundesjustizminister Engelhard öffentlich erklärte:

„Nach meiner Auffassung müßte über die Möglichkeit, einem in Not geratenen Schuldner auch durch Konkurs Restschuldbefreiung zu verschaffen, vertieft nachgedacht werden."[20]

Entsprechend dieser Ankündigung enthielt der Diskussionsentwurf eines Gesetzes zur Reform des Insolvenzrechts, der 1988 vom Bundesministerium der Justiz vorgelegt wurde, eine ausführliche Regelung der Restschuldbefreiung. Sie wurde in der Öffentlichkeit teils beifällig, teils ablehnend aufgenommen, fand aber insgesamt nicht den Widerstand, den man vor dem Hintergrund der deutschen Rechtstradition eigentlich hätte erwarten müssen. Kennzeichnend scheint mir, daß sich der Bankenfachverband Konsumenten- und gewerbliche Spezialkredite, dessen Mitglieder sehr intensiv von einer Restschuldbefreiung betroffen würden, auf einer Tagung Ende 1988 intensiv und mit konstruktiven Gegenvorschlägen mit dem Restschuldbefreiungsmodell des Bundesministeriums der Justiz auseinandersetzte.[21] Die Zeit war reif für eine Einführung der Restschuldbefreiung in das deutsche Recht.

Nach dem Referentenentwurf 1989 trat die Insolvenzrechtsreform zeitweise in den Hintergrund. Die mit der Wiederannäherung der beiden

---

18 Zweiter Bericht der Kommission für Insolvenzrecht, 1986, Leitsatz 6.3 (S. 162).

19 Vgl. *Hörmann* (Hrsg.), Verbraucherkredit und Verbraucherinsolvenz, Perspektiven für die Rechtspolitik aus Europa und USA, Bremen 1986.

20 *Engelhard*, Politische Akzente einer Insolvenzrechtsreform, ZIP 1986, 1287 (1291) (Veröffentlichung auf der Grundlage einer Rede auf dem Sparkassen-Prüfertag am 1. Oktober 1986 in Hannover).

21 „Insolvenzverfahren für Verbraucher mit oder ohne Restschuldbefreiung?", Referate und Diskussionsbeiträge der Fachkonferenz zur Restschuldbefreiung, durchgeführt vom Bankenfachverband Konsumenten- und gewerbliche Spezialkredite und der Mittelstandsvereinigung der CDU/CSU am 10. November 1988 in Bonn, 1988.

deutschen Staaten und der anschließenden Wiedervereinigung verbundenen Gesetzgebungsarbeiten beanspruchten Priorität. Die Reformentwürfe strahlten aber auf das Insolvenzrecht der DDR aus, das im Rahmen der Wirtschafts-, Währungs- und Sozialunion geschaffen wurde: Bei der Anpassung der DDR-Verordnung über die Gesamtvollstreckung von 1975 wurden verschiedene Reformelemente in das Recht der DDR übernommen.[22] Eine gesetzliche Restschuldbefreiung wurde nicht eingeführt, wohl aber eine besondere Vollstreckungsbeschränkung für redliche Schuldner nach dem Vorbild des schon kurz erwähnten Schweizer Rechts. Die Regelung gilt auch nach der Wiedervereinigung in der Gesamtvollstreckungsordnung, dem besonderen Konkursgesetz der neuen Bundesländer, fort. Sie hat folgenden Wortlaut (§ 18 Abs. 2 Satz 3 GesO):

> „Eine Vollstreckung findet nur statt [gemeint ist: nach Beendigung des Gesamtvollstreckungsverfahrens], soweit der Schuldner über ein angemessenes Einkommen hinaus zu neuem Vermögen gelangt; dies gilt nicht, wenn der Schuldner vor oder während des Verfahrens vorsätzlich oder grob fahrlässig zum Nachteil seiner Gläubiger gehandelt hat."

Die Bestimmung ist – wie ihr ausländisches Vorbild – so auszulegen, daß sie den alten Gläubigern eines redlichen Schuldners das Einkommen entzieht, das dem früheren Lebenszuschnitt des Schuldners und einer normalen Fortentwicklung dieses Lebenszuschnitts entspricht. Die schweizerische Rechtsprechung drückt dies mit der Formulierung aus, das „zur Führung eines standesgemäßen Lebens" erforderliche Einkommen bleibe dem Zugriff der Gläubiger entzogen.[23] Nur wenn der Schuldner darüber hinaus Vermögen erwirbt, etwa eine Erbschaft macht oder als selbständiger Kaufmann besonderen Erfolg hat, können seine Gläubiger erneut zugreifen.

Im Vergleich zum freien Nachforderungsrecht der Gläubiger bedeutet diese vorläufige Regelung der neuen Bundesländer meines Erachtens einen rechtspolitischen Fortschritt. Ganz zu befriedigen vermag sie allerdings nicht: Die Gläubiger kommen zu kurz, weil ihnen nach der Durchführung des Gesamtvollstreckungsverfahrens im Regelfall sofort und ohne konkrete Aussicht auf Änderung die weitere Zugriffsmöglichkeit entzogen wird. Der Schuldner erlangt keine endgültige Klarheit

---

22 Vgl. *Lübchen/Landfermann*, ZIP 1990, 829.
23 Entscheidungen des Schweizerischen Bundesgerichts 79 I 113.

über sein Schicksal, da er bei jeder geringfügigen Mehrung seines Einkommens oder seines Vermögens damit rechnen muß, doch wieder von alten Gläubigern belangt zu werden. Diese Bemerkungen weisen schon in die Richtung der Regelung, die der Regierungsentwurf der Insolvenzordnung[24] für die Restschuldbefreiung enthält: Es entspricht den Interessen aller Beteiligten besser, wenn der Schuldner nach der Durchführung eines Insolvenzverfahrens noch eine Zeit lang an seine Gläubiger zahlt, dann aber endgültig von seinen Schulden befreit wird.

II. Die Restschuldbefreiung im Regierungsentwurf der Insolvenzordnung

1. Die Struktur des künftigen Insolvenzverfahrens

Bevor ich die Restschuldbefreiung nach dem Regierungsentwurf im einzelnen schildere, will ich kurz die Struktur des künftigen einheitlichen Insolvenzverfahrens erläutern, in die sich die Schuldbefreiungsregelung einfügt.

Das künftige Insolvenzverfahren soll ein einheitliches Verfahren sein. Der Dualismus von Konkurs und Vergleich soll nicht übernommen werden. Daß diese wesentliche Abweichung vom geltenden Recht sinnvoll ist und im Rahmen der Reform verwirklicht werden sollte, ist mittlerweile so gut wie unstreitig. Die Gesamtvollstreckungsordnung der neuen Bundesländer enthält bereits ein solches einheitliches Verfahren.

Die Eröffnung des neuen Verfahrens soll von einem Gläubiger oder vom Schuldner beantragt werden können. Zu den bisherigen Eröffnungsgründen, Zahlungsunfähigkeit oder Überschuldung, soll für den Fall, daß der Schuldner selbst die Eröffnung beantragt, die drohende Zahlungsunfähigkeit hinzutreten (§22 EInsO). Daß der Schuldner die Restschuldbefreiung erreichen will, könnte für ihn ein Grund sein, schon bei bevorstehender Zahlungsunfähigkeit den Eröffnungsantrag zu stellen.

Durch eine Vielzahl von Maßnahmen wird dafür gesorgt, daß eine Abweisung des Eröffnungsantrags wegen Massearmut die große Ausnahme sein wird. Die Masse wird nicht nur durch eine Verschärfung des

24 Entwurf einer Insolvenzordnung (EInsO), BT-Drucks. 12/2443.

Anfechtungsrechts vermehrt[25], sondern zum Beispiel auch dadurch, daß der Neuerwerb des Schuldners während des Verfahrens zur Insolvenzmasse gezogen wird (§ 42 EInsO); bei einer Arbeitnehmerinsolvenz gehört also das laufende pfändbare Einkommen des Schuldners während der Verfahrensdauer zur Masse. Nur die reinen Verfahrenskosten, also die Gerichtskosten und die Vergütungen des Verwalters und der Mitglieder des Gläubigerausschusses, müssen aus der Insolvenzmasse des Schuldners gedeckt werden können, damit das Verfahren eröffnet wird.[26] In den Fällen, in denen der Schuldner den Gläubigern vertrauenswürdig erscheint, braucht kein Insolvenzverwalter bestellt zu werden, sondern der Schuldner kann unter Aufsicht eines Sachwalters verfügungsbefugt bleiben[27]; das wird die Verfahrenskosten senken, da der Sachwalter eine erheblich geringere Vergütung erhalten soll als der Insolvenzverwalter. Bei Insolvenzen von kleinen Gewerbetreibenden oder von nicht gewerblich tätigen Personen kann unter Umständen auch auf den Sachwalter verzichtet werden[28]; im Falle einer Arbeitnehmerinsolvenz beispielsweise, bei der kein unbelastetes Vermögen vorhanden ist und das laufende Einkommen den einzigen Vermögensgegenstand bildet, aus dem die ungesicherten Gläubiger befriedigt werden könnten, erscheint die Bestellung eines Insolvenzverwalters oder eines Sachwalters regelmäßig nicht erforderlich. Auch auf einen Gläubigerausschuß kann in einem solchen Fall verzichtet werden.[29] Das bedeutet, daß viele Arbeitnehmerinsolvenzverfahren schon dann eröffnet werden können, wenn die Gerichtskosten gedeckt sind.

Die Eröffnung des neuen Insolvenzverfahrens soll weitgehend die gleichen Wirkungen haben wie die Eröffnung eines heutigen Konkursverfahrens. Eine Abweichung ist in unserem Zusammenhang besonders wichtig: Wenn ein Gläubiger vor der Verfahrenseröffnung das laufende Arbeitseinkommen des Schuldners gepfändet hat, soll diese Pfändung mit der Verfahrenseröffnung unwirksam werden (§ 132 Abs. 3 EInsO). Die rechtsgeschäftliche Verpfändung oder Abtretung des laufenden Ar-

---

25 Vgl. die §§ 144 bis 166 EInsO.

26 Dabei reicht es aus, daß die Verfahrenskosten bis zum sog. Berichtstermin gedeckt sind, der spätestens drei Monate nach der Eröffnung des Insolvenzverfahrens abzuhalten ist. Vgl. § 30 Abs. 1, § 35 Abs. 1 Nr. 2, § 63, § 321 Abs. 1 EInsO.

27 §§ 331 bis 346 EInsO.

28 §§ 347 bis 357 EInsO.

29 Vgl. § 78 Abs. 1, § 79 EInsO.

beitsentgelts soll drei Jahre nach der Eröffnung des Insolvenzverfahrens ihre Wirksamkeit verlieren (§ 132 Abs. 1 EInsO). Diese Dreijahresfrist stellt sicher, daß die Lohn- und Gehaltsabtretung als Kreditsicherheit einen gewissen Wert behält. Auf der anderen Seite wird durch die Unwirksamkeit der Abtretung nach Ablauf dieser Frist erreicht, daß nicht ein einzelner Gläubiger den wichtigsten Vermögensgegenstand des Arbeitnehmers auf unabsehbare Zeit für sich allein reservieren kann.

Der Fortgang des Insolvenzverfahrens wird von der Gläubigerautonomie bestimmt. Bei einem insolventen Unternehmen entscheidet die Gläubigerversammlung, ob das Unternehmen stillgelegt oder im Verfahren fortgeführt wird, ob es im Wege der übertragenden Sanierung an einen Dritten veräußert wird oder ob dem Schuldner auf der Grundlage eines Sanierungsplans die Fortführung ermöglicht wird.[30] Das Zugriffsrecht der gesicherten Gläubiger wird eingeschränkt, um die Prüfung von Sanierungsmöglichkeiten nicht zu behindern.[31] Bei einer Arbeitnehmerinsolvenz kann mit einer Mehrheit der Gläubiger ein Schuldenregulierungsplan verabschiedet werden.[32] Wenn es nicht zu solchen einvernehmlichen Regelungen kommt, wird die Insolvenzmasse nach Vorschriften, die wiederum im Grundsatz denen der Konkursordnung entsprechen, verwertet und verteilt. Konkursvorrechte, wie sie in § 61 KO niedergelegt sind, soll es in Zukunft allerdings nicht mehr geben.

2. Der Insolvenzplan als Sanierungs- und Schuldenbereinigungsplan

Um Sanierungen und Schuldenbereinigungen zu erleichtern, sollen zahlreiche Hemmnisse, die im geltenden Recht dem Zustandekommen von einvernehmlichen Regelungen im Insolvenzverfahren im Wege stehen, nicht in das neue Recht übernommen werden.

Die Kommission für Insolvenzrecht hat hierzu verschiedene Vorschläge unterbreitet: Auf das Erfordernis der „Vergleichswürdigkeit" des Schuldners soll verzichtet werden; ein Vergleich zwischen dem Schuldner und seinen Gläubigern soll also nicht allein deshalb verworfen werden, weil der Schuldner sich vor der Verfahrenseröffnung inkorrekt ver-

30 Vgl. insbesondere § 176 EInsO.
31 Vgl. insbesondere §§ 187, 190, 191, 197, 199 EInsO.
32 Vgl. insbesondere §§ 253, 289 EInSO.

halten hat. Auch die Rechte der gesicherten Gläubiger sollen im Verfahren durch Mehrheitsbeschluß gekürzt oder gestundet werden können. Da die Konkursvorrechte abgeschafft werden sollen, entfällt auch das vergleichsrechtliche Erfordernis der vollen Befriedigung der Vorrechtsgläubiger. Von einer Mindestbefriedigungsquote soll abgesehen werden. Die für die Annahme eines Vergleichs erforderlichen Mehrheiten sollen erheblich herabgesetzt werden.[33]

Der Regierungsentwurf der Insolvenzordnung folgt im Grundsatz diesen Vorschlägen, baut sie allerdings in ein neues Rechtsinstitut ein, das den Vergleich nach der Vergleichsordnung und den Zwangsvergleich im Konkurs vollständig ersetzen soll: das Rechtsinstitut des Insolvenzplans, dessen Konzeption sich an den Reorganisationsplan des amerikanischen Rechts anlehnt.

Ein solcher Insolvenzplan kann nicht nur vom Schuldner vorgelegt werden wie ein Vergleichsvorschlag, sondern auch von einer Mehrzahl von Gläubigern. Als typischen Fall des Insolvenzplans bei der Unternehmensinsolvenz behandelt der Gesetzentwurf den Fall, daß die Gläubigerversammlung den Insolvenzverwalter auffordert, einen Plan für die Sanierung des Schuldners auszuarbeiten.[34] In einem Insolvenzplan können auch die Rechte der gesicherten Gläubiger Einschränkungen unterworfen werden. Die Gläubiger stimmen über den Insolvenzplan in Gruppen ab: In einer Gruppe sind jeweils die Gläubiger mit gleicher Rechtsstellung und gleichen wirtschaftlichen Interessen zusammengefaßt (§265 EInsO). Gesicherte und ungesicherte Gläubiger müssen wegen ihrer unterschiedlichen Rechtsstellung in getrennten Gruppen abstimmen. Aber auch innerhalb der ungesicherten Gläubiger sind mehrere Gruppen zu bilden, wenn eindeutig unterschiedliche wirtschaftliche Interessen der Gläubiger zu erkennen sind; beispielsweise könnte eine Gruppe der Lieferanten, eine Gruppe der Banken, eine Gruppe der Arbeitnehmer und eine Gruppe der sonstigen Gläubiger zu bilden sein. In jeder Abstimmungsgruppe ist zur Annahme des Plans nur die einfache Mehrheit der abstimmenden Gläubiger erforderlich; allerdings müssen, bezogen auf die abstimmenden Gläubiger, sowohl die Kopfmehrheit als auch die Summenmehrheit erreicht sein (§289 EInsO).

---

33 Erster Bericht der Kommission für Insolvenzrecht, 1985, S. 15 ff, 155 und Leitsätze 2.1.1 bis 2.2.32 (Reorganisationsverfahren); Zweiter Bericht, aaO (Fn. 18), S. 132 f., und Leitsätze 5.1 bis 5.8 (Liquidationsbeendender Zwangsvergleich).

34 Vgl. die §§254, 255 EInsO.

Stimmt eine von mehreren Gläubigergruppern nicht zu, obwohl die betreffenden Gläubiger angemessen am Sanierungserfolg beteiligt werden, so kann die Verweigerung der Zustimmung nach dem sogenannten Obstruktionsverbot unbeachtlich sein (§290 EInsO). Jeder einzelne Gläubiger genießt einen effektiven Minderheitenschutz; er kann verlangen, nicht schlechter gestellt zu werden als bei einer Liquidation des schuldnerischen Unternehmens ohne einen Insolvenzplan (§298 EInsO). Die Zustimmung des Schuldners ist im Grundsatz nicht erforderlich; das ist ein wesentlicher Unterschied zum Vergleichsmodell. Allerdings darf auch der Schuldner durch einen Insolvenzplan nicht schlechter gestellt werden, als er bei einer Insolvenzabwicklung nach den gesetzlichen Vorschriften stünde (§293 EInsO). Das ordnungsgemäße Zustandekommen des Insolvenzplans wird vom Gericht geprüft, dessen Bestätigung Voraussetzung für das Wirksamwerden des Plans ist.[35]

Wenn es bei dem Insolvenzplan nicht um die Fortführung eines Unternehmens geht, sondern um die bloße Schuldenbereinigung eines persönlich haftenden ehemaligen Kleingewerbetreibenden oder eines Arbeitnehmers, kann der Insolvenzplan als Schuldenbereinigungsplan sehr einfach aussehen und in einem sehr einfachen Verfahren akzeptiert werden. Möglicherweise ist nur eine Gruppe von Gläubigern zu bilden, deren ungesicherte Forderungen teils gestundet, teils gekürzt werden. Stimmen diese Gläubiger mit der einfachen Kopf- und Summenmehrheit der an der Abstimmung teilnehmenden zu, so kann die gerichtliche Bestätigung des Schuldenbereinigungsplans erfolgen und der Plan wirksam werden.

3. Die gesetzliche Restschuldbefreiung

Nur für den Fall, daß es nicht zu einem Schuldenbereinigungsplan kommt, soll die gesetzliche Restschuldbefreiung nach dem Regierungsentwurf der Insolvenzordnung eingreifen.

Es ist keine Radikallösung wie im französischen Insolvenzgesetz. Auch bei einem redlichen Schuldner soll die Restschuldbefreiung nicht automatisch mit der Beendigung des Insolvenzverfahrens eintreten. Vielmehr berücksichtigt die Lösung des Regierungsentwurfs, daß ein Insol-

35 Vgl. die §§295, 301 EInsO.

venzverfahren in erster Linie der bestmöglichen Befriedigung der Gläubiger dienen soll. Auch die Restschuldbefreiung soll sich in diese Zielsetzung einfügen, zumindest ihr nicht widersprechen. Ausgangspunkt der Überlegungen, welche Voraussetzungen für den Eintritt der Restschuldbefreiung aufgestellt werden sollten, war die Tatsache, daß eine einvernehmliche Regelung über die Schuldentilgung, wie sie in vielen Fällen zustande kommt, nicht nur für den Schuldner, sondern auch für die Gläubiger vorteilhaft sein kann. Wenn die Gläubiger einem Schuldner einen Teil seiner Schulden erlassen oder einer Stundung zustimmen, erhoffen auch sie sich davon einen Vorteil. Mit der Aussicht auf einen Teilerlaß oder eine Stundung motivieren sie den Schuldner, sich nach Kräften zu bemühen, den Rest der Verbindlichkeiten abzutragen. Ohne den Vergleich fehlt dem Schuldner häufig diese Motivation; wer genau weiß, daß er sein ganzes Leben lang nicht in der Lage sein wird, seine Schulden voll zurückzuzahlen, hat kaum mehr Interesse daran, auch nur einen Teil der Schulden zu tilgen.

Die Voraussetzungen, die der Gesetzentwurf für die Restschuldbefreiung festlegt, sind aus diesem Gedanken abgeleitet. Die Restschuldbefreiung soll unter Bedingungen zustande kommen, wie sie auch in einer einvernehmlichen Regelung enthalten sein könnten, die für den Schuldner und für die Gläubiger vorteilhaft ist.

Kernstück der Regelung ist es, daß der Schuldner den Gläubigern für die Zeit von sieben Jahren nach der Beendigung des Insolvenzverfahrens sein pfändbares Einkommen zur Verfügung stellt und sich während dieser Zeit nach Kräften um ein angemessenes Einkommen bemüht. Nach Ablauf der sieben Jahre werden ihm die dann noch verbliebenen Restverbindlichkeiten erlassen.

Diese Grundkonzeption für die Restschuldbefreiung im künftigen deutschen Recht lehnt sich am ehesten an das amerikanische Schuldenbereinigungsverfahren für Personen mit regelmäßigem Einkommen an. Die Restschuldbefreiung nach der deutschen Konzeption ist jedoch in das einheitliche Insolvenzverfahren eingefügt, kein besonderes, selbständiges Insolvenzverfahren wie das amerikanische Verfahren. Ein weiterer, wichtiger Unterschied ist, daß die Befugnis des amerikanischen Richters, die Angemessenheit eines Schuldenregulierungsplans zu kontrollieren, im deutschen Entwurf durch feste gesetzliche Kriterien über die Obliegenheiten eines Schuldners, der Restschuldbefreiung erlangen will, ersetzt wird. Schließlich ist die Frist von sieben Jahren länger als, die Zeit von drei bis fünf Jahren, die regelmäßig einem amerikanischen Schuldenbereinigungsplan zugrunde liegt. Eine siebenjährige Frist scheint uns am ehesten dem Grundgedanken gerecht zu werden, daß die Restschuldbefreiung dem Ziel der bestmöglichen Befriedigung der Gläubiger im Insolvenzverfahren nicht widersprechen soll.[36]

Nach dem Regierungsentwurf der Insolvenzordnung soll ein Insolvenzverfahren, in dem der Schuldner die Restschuldbefreiung erreichen will, wie folgt ablaufen:

Zu Beginn des Insolvenzverfahrens hat der Schuldner beim Insolvenzgericht die Restschuldbefreiung zu beantragen.

Dieser Antrag auf Restschuldbefreiung kann mit dem Antrag auf Eröffnung des Insolvenzverfahrens verbunden werden. Er kann aber auch noch in den ersten Wochen nach der Eröffnung gestellt werden, bis zum sogenannten Berichtstermin, in dem die Gläubiger auf der Grundlage eines Berichts des Verwalters über den Fortgang des Verfahrens entscheiden. Das Gericht hat den Schuldner ausdrücklich auf die Möglichkeit hinzuweisen, die Restschuldbefreiung zu beantragen.[37]

Dem Antrag ist die Erklärung des Schuldners beizufügen, daß er seine künftigen Ansprüche auf Arbeitsentgelt und vergleichbare Bezüge, soweit sie pfändbar sind, für die Zeit von sieben Jahren nach der Aufhebung des Insolvenzverfahrens an einen Treuhänder abtritt, den das Gericht bestimmen soll (§236 Abs. 2 EInsO). Auf diese Weise wird erreicht, daß nicht nur das vorhandene Vermögen des Schuldners und sein Neuerwerb während des Insolvenzverfahrens an seine Gläubiger verteilt werden, sondern zusätzlich für die Dauer von sieben Jahren das in dieser Zeit verdiente Arbeitseinkommen. Während der sieben Jahre soll der Treuhänder als Verteilungsstelle dienen.

---

36 Im übrigen kann man für die Siebenjahresfrist ein anderes Vorbild anführen, nämlich das Alte Testament: Im Fünften Buch Mose, Kapitel XV, Vers 2, heißt es: „Alle sieben Jahre sollst du ein Erlaßjahr halten ... Wer seinem Nächsten etwas geborgt hat, soll es ihm erlassen." Auf der Fachtagung für Schuldnerberater vom 30. März bis 1. April 1992 in Bad Boll berichtete Pfarrer *Daur*, daß dieser Text aus dem siebten Jahrhundert vor Christus stamme. Es sei die Zeit gewesen, in der sich im Mittelmeerraum die Geldwirtschaft durchgesetzt hatte. Das Gebot des Erlaßjahres sei eine Antwort auf die Überschuldung breiter Bevölkerungskreise gewesen, die sich als Folge der Einführung der Geldwirtschaft im Volk Israel entwickelt hatte. Viel ältere Texte, die dazu verpflichteten, die Felder alle sieben Jahre brachliegen zu lassen, seien neu interpretiert worden, um dem Phänomen der Überschuldung entgegenzuwirken.

37 Vgl. die §§37, 236 EInsO.

Im Schlußtermin des Insolvenzverfahrens sind die Insolvenzgläubiger und der Verwalter zu dem Antrag des Schuldners zu hören. Es geht bei dieser Anhörung darum, ob der Schuldner die persönlichen Voraussetzungen für die Erlangung der Restschuldbefreiung erfüllt, ob ein „redlicher" Schuldner den Antrag gestellt hat. Der Gesetzentwurf enthält einen Katalog von anstößigen Handlungen des Schuldners, die es rechtfertigen, die Restschuldbefreiung zu versagen.[38] Insbesondere sind zu nennen:

- Der Schuldner ist wegen einer Konkursstraftat verurteilt worden;
- der Schuldner hat in den letzten drei Jahren vor dem Antrag auf Eröffnung des Insolvenzverfahrens vorsätzlich oder grob fahrlässig schriftlich unrichtige Angaben über seine Vermögensverhältnisse gemacht, um einen Kredit zu erlangen;
- der Schuldner hat im letzten Jahr vor dem Eröffnungsantrag Vermögen verschwendet.

Die Restschuldbefreiung ist auch dann zu versagen, wenn der Schuldner in den letzten zehn Jahren vor dem Eröffnungsantrag schon einmal Restschuldbefreiung erlangt hatte. Rechnet man die Dauer des Insolvenzverfahrens und die Siebenjahresfrist hinzu, so müssen also mindestens siebzehn Jahre und einige Monate zwischen zwei Schuldbefreiungen liegen. Eine wiederholte Restschuldbefreiung in überschaubaren Zeitabständen wird dadurch verhindert.

Allerdings werden alle genannten Versagungsgründe vom Gericht nur berücksichtigt, wenn ein Gläubiger im Schlußtermin des Insolvenzverfahrens den Antrag auf Versagung stellt und glaubhaft machen kann, daß ein solcher Versagungsgrund vorliegt. Es dient der Entlastung des Gerichts, daß es nur auf Antrag ermittelt und nur zu einem Sachverhalt, der vom Gläubiger bereits glaubhaft gemacht ist.

Liegt kein Versagungsgrund vor, so stellt das Gericht durch Beschluß fest, daß der Schuldner die Restschuldbefreiung erlangt, wenn er sich während der siebenjährigen Dauer der Abtretung seines Arbeitseinkommens weiterhin korrekt verhält. Zugleich bestimmt das Gericht den Treuhänder, auf den die pfändbaren Bezüge des Schuldners für die Zeit dieser „Wohlverhaltensperiode" übergehen (§240 EInsO). Sobald die

---

38 Vgl. die §§237, 239 EInsO.

Entscheidung über den Antrag auf Restschuldbefreiung rechtskräftig ist, wird das Insolvenzverfahren aufgehoben (§238 Abs. 3 EInsO). Die Siebenjahresfrist ist also nicht Bestandteil des Insolvenzverfahrens, sondern schließt sich an dieses an.

Für das Amt des Treuhänders stellt der Gesetzentwurf keine besonderen Voraussetzungen auf. Es kann von den Personen ausgeübt werden, die als Insolvenzverwalter tätig sind, also zum Beispiel von einem Rechtsanwalt oder von einem Steuerberater. In Betracht kommen aber auch zum Beispiel die Gerichtsvollzieher und die Inkassounternehmer.

Aufgabe des Treuhänders ist es in erster Linie, die aufgrund der Abtretungserklärung eingehenden Beträge an die Gläubiger weiterzuleiten. Dabei hat er nur die Gläubiger zu berücksichtigen, die sich als Insolvenzgläubiger am Insolvenzverfahren beteiligt hatten; maßgeblich für die Verteilung des laufenden Einkommens während der sieben Jahre ist das Schlußverzeichnis, das auch der Verteilung der Insolvenzmasse im Insolvenzverfahren zugrunde lag (§241 Abs. 1 EInsO). Neue Gläubiger des Schuldners werden nicht bedacht. Ihnen ist das pfändbare Einkommen des Schuldners während der sieben Jahre entzogen; nur der Zugriff der Unterhaltsgläubiger und der Deliktsgläubiger auf den erweitert pfändbaren Betrag des Einkommens bleibt möglich. Den Insolvenzgläubigern andererseits ist während der sieben Jahre jede Einzelzwangsvollstreckung gegen den Schuldner untersagt (§243 Abs. 1 EInsO).

Dem Treuhänder kann zusätzlich die Aufgabe übertragen werden zu überwachen, ob der Schuldner während der sieben Jahre seine Obliegenheiten erfüllt. Darüber muß vor der Beendigung des Insolvenzverfahrens von der Gläubigerversammlung entschieden werden. Hat der Treuhänder diese Aufgabe, so hat er die Gläubiger unverzüglich zu benachrichtigen, wenn er einen Verstoß des Schuldners feststellt (§241 Abs. 2 EInsO).

Die Obliegenheiten des Schuldners während der siebenjährigen Wohlverhaltensperiode sind in §244 des Entwurfs genau aufgezählt.

In erster Linie wird von ihm erwartet, daß er eine angemessene Erwerbstätigkeit ausübt. Wenn er arbeitslos ist, hat sich er sich um eine Beschäftigung zu bemühen und notfalls auch Arbeit anzunehmen, die nicht seiner Vorbildung entspricht. Gelingt es dem Schuldner ohne sein Verschulden einige Zeit hindurch nicht, Arbeit zu finden, so schadet ihm dies nicht. Im Extremfall kann er die Restschuldbefreiung auch dann erlangen, wenn er während der gesamten sieben Jahre nicht arbeitet; zu denken ist beispielsweise an den Fall, daß eine alleinstehende Frau kleine Kinder zu versorgen hat und dadurch lange Zeit nicht in der Lage ist, über die Pfändungsfreigrenzen hinaus Einkommen zu erzielen.

Weiter muß der Schuldner dafür sorgen, daß seine pfändbaren Bezüge an den Treuhänder fließen. Wenn er in einem festen Arbeitsverhältnis steht, ist dies normalerweise unproblematisch. Der Treuhänder kann die Bezüge aufgrund der Abtretungserklärung beim Arbeitgeber einfordern. Von einem Wechsel des Arbeitsverhältnisses oder von Nebeneinkünften muß der Schuldner aber den Treuhänder unterrichten. Er hat dem Treuhänder und dem Gericht auf Verlangen nähere Auskünfte zu erteilen.[39]

Immer wieder ist gefordert worden, im Entwurf vorzusehen, daß der Schuldner nicht nur sein laufendes Einkommen, sondern auch sonstiges Vermögen, das er während der Wohlverhaltensperiode erwirbt, zur Befriedigung seiner Gläubiger einsetzen muß. Der Regierungsentwurf trägt dieser Forderung in einem Punkt Rechnung. Fällt dem Schuldner während der sieben Jahre eine Erbschaft zu, so hat er diese zur Hälfte ihres Wertes an den Treuhänder herauszugeben.[40]

Verstößt der Schuldner schuldhaft gegen seine Obliegenheiten, so kann die Wohlverhaltensperiode vorzeitig abgebrochen und die Rest-

39 Einige Schwierigkeiten wirft der Fall auf, daß der Schuldner während der Wohlverhaltensperiode eine selbständige Tätigkeit ausübt. Insoweit geht die Abtretungserklärung ins Leere. Es fehlt bei einem Selbständigen auch ein Maßstab für die Trennung zwischen dem Teil des Einkommens, den der Schuldner selbst benötigt, und dem für die Gläubiger verfügbaren Teil. Dennoch verschließt der Gesetzentwurf dem Schuldner nicht die Möglichkeit einer selbständigen Tätigkeit. Voraussetzung für die Erlangung der Restschuldbefreiung ist hier aber, daß die Gläubiger durch die selbständige Tätigkeit des Schuldners nicht schlechter gestellt werden, als sie bei einer angemessenen abhängigen Tätigkeit des Schuldners stünden (§244 Abs. 2 EInsO). Der Schuldner darf also nach der Beendigung des Insolvenzverfahrens nur dann selbständig tätig sein, wenn er erwarten kann, kein geringeres Einkommen zu erzielen als in einem angemessenen Arbeitsverhältnis. Er muß während der Dauer der selbständigen Tätigkeit in den sieben Jahren durch Zahlungen an den Treuhänder dafür sorgen, daß die Gläubiger insgesamt keinen Nachteil haben. Wenn er zeitweise geringere Zahlungen leistet – etwa in der Anfangsphase der Tätigkeit –, hat er dies durch spätere höhere Zahlungen auszugleichen.

40 §244 Abs. 1 Nr. 2 EInsO; im Referentenentwurf war diese Regelung noch nicht enthalten. Zu der Frage, ob der Schuldner auch sonstiges Vermögen, das er während der Laufzeit der Abtretungserklärung erwirbt, an den Treuhänder herausgeben sollte, vgl. die Stellungnahme des Bundesrates zum Entwurf der Insolvenzordnung und die Gegenäußerung der Bundesregierung, BT-Drucks. 12/2443, S. 257 (Nr. 33) und S. 267 (zu Nr. 33) .

schuldbefreiung endgültig versagt werden. In §245 des Entwurfs ist folgendes Verfahren vorgesehen: Ein Gläubiger, der den Verstoß feststellt, beantragt beim Insolvenzgericht die Versagung der Restschuldbefreiung. Er muß dies innerhalb eines Jahres tun, nachdem ihm die Obliegenheitsverletzung bekanntgeworden ist. Außerdem ist sein Antrag nur zulässig, wenn er den Verstoß des Schuldners glaubhaft macht. Das Gericht bestimmt dann einen Termin, in dem der Schuldner, der Treuhänder und die Insolvenzgläubiger zu dem Antrag des Gläubigers zu hören sind. Der Schuldner hat über die Erfüllung seiner Obliegenheiten Auskunft zu erteilen und, wenn der Gläubiger es beantragt, die Richtgkeit dieser Auskunft an Eides Statt zu versichern. Das Gericht versagt die Restschuldbefreiung, wenn es feststellt, daß der Schuldner seine Obliegenheiten tatsächlich verletzt und dadurch die Befriedigung der Insolvenzgläubiger beeinträchtigt hat. Dies gilt nicht, wenn festgestellt werden kann, daß den Schuldner kein Verschulden trifft.

Läßt sich die Frage des Verschuldens jedoch nicht klären, so geht das zu Lasten des Schuldners. Das Gericht versagt die Restschuldbefreiung auch dann, wenn der Schuldner ohne hinreichende Entschuldigung zum Termin nicht erscheint oder wenn er die Erteilung einer Auskunft oder die eidesstattliche Versicherung verweigert.

Kommt es nicht zu einem solchen vorzeitigen Abbruch der Siebenjahresperiode, so bestimmt das Gericht nach Ablauf dieser Frist einen Termin, in dem die Insolvenzgläubiger, der Treuhänder und der Schuldner zur Erteilung der Restschuldbefreiung zu hören sind. Auch in diesem Termin ist der Schuldner zur Auskunft und gegebenenfalls zur eidesstattlichen Versicherung verpflichtet. Beantragt ein Gläubiger die Versagung der Restschuldbefreiung, so läuft das gleiche Verfahren ab wie bei einem Gläubigerantrag während der Siebenjahresfrist. Stellt kein Gläubiger einen solchen Antrag, so spricht das Gericht die Restschuldbefreiung aus. In jedem Fall ist die Entscheidung des Gerichts öffentlich bekanntzumachen (§249 EInsO).

Der Beschluß, durch den die Restschuldbefreiung erteilt wird, hat eine weitreichende Wirkung: Alle Gläubiger, die in dem vorangegangenen Insolvenzverfahren die Stellung eines Insolvenzgläubigers hatten, können ihre Forderungen nicht mehr durchsetzen. Dingliche Sicherungsrechte wie Hypotheken und Pfandrechte sowie Bürgschaften Dritter für diese Forderungen bleiben allerdings von der Restschuldbefreiung unberührt. Auch freiwillige Zahlungen können nicht zurückgefordert werden (§250 EInsO). Das entspricht den Wirkungen, die heute bei einem Forderungserlaß durch einen Vergleich nach der Vergleichsordnung oder durch einen Zwangsvergleich im Konkurs eintreten. Hier wird erneut deutlich, daß die gesetzliche Restschuldbefreiung nach dem Regierungsentwurf eine Art oktroyierter Vergleich ist.

Zwei Kategorien von Forderungen bleiben allerdings von der Erteilung der Restschuldbefreiung unberührt: Forderungen aus einer vorsätzlich begangenen unerlaubten Handlung des Schuldners und Forderungen öffentlicher Stellen auf Geldstrafen, Geldbußen und ähnliche Zahlungen. Bei solchen Forderungen erschiene eine Restschuldbefreiung anstößig (§251 EInsO).

Zur Bekämpfung von Manipulationen des Schuldners ist noch vorgesehen, daß die Erteilung der Restschuldbefreiung widerrufen werden kann, wenn sich nachträglich herausstellt, daß der Schuldner eine seiner Obliegenheiten vorsätzlich verletzt und dadurch die Befriedigung der Gläubiger erheblich beeinträchtigt hat. Ein solcher Widerruf ist allerdings nur möglich, wenn er innerhalb eines Jahres nach der Rechtskraft der Erteilung der Restschuldbefreiung beantragt wird (§252 EInsO).

III. Ausblick auf die Behandlung des Entwurfs im Deutschen Bundestag

Noch ist die Regelung der Restschuldbefreiung, die ich Ihnen vorgestellt habe, nicht Gesetz. Die Behandlung des Entwurfs der Insolvenzordnung in den Ausschüssen des Deutschen Bundestages steht erst bevor. Der Bundesrat hat sich allerdings bereits im ersten Durchgang mit dem Regierungsentwurf beschäftigt. In seiner Stellungnahme hat er gerade der Restschuldbefreiung besondere Aufmerksamkeit gewidmet. Er hat die Einführung einer Restschuldbefreiung im Grundsatz begrüßt, aber eine Reihe von Änderungsvorschlägen dazu unterbreitet.

Der weitreichendste Vorschlag ist, die Restschuldbefreiung aus der Insolvenzordnung herauszulösen und in einem besonderen Schuldenbereinigungsverfahren zu regeln.[41] Dies ist ein Gedanke, der auch in der Öffentlichkeit immer wieder auftaucht. Er kann an die ablehnende Haltung der Kommission für Insolvenzrecht anknüpfen, die gegen eine Entlastung des Schuldners nichts einzuwenden hatte, die aber das Insolvenzverfahren nicht von einem Gesamtvollstreckungsverfahren in ein Entschuldungsverfahren verwandelt wissen wollte. Die Verbände der

41 BT-Drucks. 12/2443, S. 254f (Nr. 28).

Verbraucher, der Wohlfahrtspflege und der Schuldnerberater verfolgen mit der Trennung eines Schuldenbereinigungsverfahrens vom Insolvenzverfahren das Ziel, verbraucherfreundlichere Regelungen zu erreichen. Sie wollen die Schuldenbereinigung aus dem Kontext eines auf bestmögliche Befriedigung der Gläubiger gerichteten Verfahrens herauslösen und zum Beispiel erreichen, daß die Mitwirkung der Gläubiger an der Entstehung der Überschuldungssituation in die Betrachtung einbezogen wird.[42] Für den Bundesrat steht ein anderer Gesichtspunkt im Vordergrund: Er fürchtet, daß die Möglichkeit der Schuldbefreiung durch Insolvenzverfahren zu einer Flut von Verbraucherinsolvenzverfahren führen wird, die eine erhebliche Mehrbelastung der Insolvenzgerichte und damit der Justizhaushalte der Länder bedeuten würde. Der Bundesrat meint, ein verselbständigtes Entschuldungsverfahren könne im Rahmen der Schuldnerberatung zum Beispiel auch den Sozialhilfebehörden übertragen werden.[43]

Daß es dem Bundesrat in erster Linie um die Vermeidung einer zusätzlichen Belastung der Gerichte geht, wird auch daran deutlich, daß er darauf dringt, daß in jedem Insolvenzverfahren ein Insolvenzverwalter, zumindest ein Sachwalter als Aufsichtsperson für den Schuldner, bestellt wird. Zwar könne die Einsetzung eines Verwalters oder eines Sachwalters in kleinen Insolvenzverfahren einen unverhältnismäßigen Aufwand bedeuten; verzichte man jedoch auf sie, so hätten die Gerichte deren Aufgaben wahrzunehmen. Der Bundesrat wird dann ganz deutlich:

> „Deshalb kann nicht hingenommen werden, daß der Bund die personal- und kostenintensive neue Eigenverwaltung ohne Sachwalter, deren praktischer Nutzen zweifelhaft ist, zu Lasten der Länder vorsieht, obwohl deren personelle und finanzielle Ressourcen durch die deutsche Einheit und weitere gesetzliche Aufgaben erschöpft sind.“[44]

Die Bundesregierung hat in ihrer Gegenäußerung zur Stellungnahme des Bundesrates diesen Vorschlägen widersprochen. Sie sieht keine Vorteile in einem selbständigen Entschuldungsverfahren, das doch wieder wie ein

---

42 Vgl. etwa *Reifner* u.a., Gutachten zum Entwurf des Verbraucherkonkurses, herausgegeben von der Arbeitsgemeinschaft der Verbraucherverbände und der Bundesarbeitsgemeinschaft der Freien Wohlfahrtspflege, 1991, insbesondere S. 148f.

43 Damit würde die finanzielle Belastung von der Landesebene auf die Kreis- und Gemeindeebene verlagert.

44 BT-Drucks. 12/2443, S. 259f (Nr. 39).

Insolvenzverfahren ausgestaltet werden müßte, wenn sachgerechte Lösungen erreicht werden sollten. Eine gesetzliche Restschuldbefreiung könne auch nicht von einer anderen Stelle als von einem Gericht ausgesprochen werden. Das verwalterlose Kleinverfahren sei erforderlich, um auch den Personen, die die Kosten eines normalen Insolvenzverfahrens nicht aufbringen könnten, den Zugang zur Restschuldbefreiung zu ermöglichen.[45]

Bei diesem Diskussionsstand ist zu erwarten, daß der Rechtsausschuß des Deutschen Bundestages das Restschuldbefreiungsmodell des Regierungsentwurfs sehr kritisch prüfen wird. Immerhin ist bemerkenswert, daß keine zehn Jahre nach dem Zeitpunkt, in dem die rechtspolitische Diskussion über die Restschuldbefreiung in der deutschen Öffentlichkeit begann, nur noch die Art und die Ausgestaltung der Restschuldbefreiung streitig zu sein scheinen, nicht mehr die Erkenntnis, daß ein dringendes Bedürfnis für eine gesetzliche Restschuldbefreiung besteht.

45 BT-Drucks. 12/2443, S. 266 (zu Nr. 28) und S. 268 (zu Nr. 39).

Einleitende Bemerkungen zur Diskussion (1)
Die Schuldturmproblematik aus der Sicht des Verbraucherkreditgesetzes

Professor *Dr. Dr. h.c. Peter Bülow,*
Universität Trier

Inhaltsübersicht

Gegenstand dieses Beitrages ist in gebotener Kürze, wie das Verbraucherkreditgesetz die Schuldturmproblematik erfaßt. Das Verbraucherkreditgesetz setzt nicht bei Vertragsabschluß und Vertragsgestaltung an[1]. Sein schuldturmspezifisches Reglement greift vielmehr erst beim Verzug des Schuldners, also des Verbrauchers ein, indem durch §§ 11 und 12 die Verpflichtung zum Ersatz des Verzögerungsschadens im Vergleich zu den allgemeinen Regeln des BGB eingeschränkt, die Tilgungsverrechnung bei Teilleistungen modifiziert und die Gesamtfälligkeitsstellung erschwert wird.

---

1 Siehe dazu das Grundsatzreferat von *Medicus,* Der moderne Schuldturm? Rechtsdogmatische Überlegungen zur Privatautonomie im Recht der Bankgeschäfte, in diesem Band S. 87ff; die Warn- und Informationsfunktion von § 4 VerbrKrG wirkt sich erst im Vorfeld des Schuldturms aus, *Bülow,* WM 1992, 1009.

I. Das Reglement des BGB

Mit dem Bild des modernen Schuldturms meinen die Gesetzesverfasser[2] die Lage eines Schuldners, der ständig Teilleistungen erbringt, vielleicht im Wege der Kahlpfändung, ohne daß sich der Stand seiner Verbindlichkeiten gegenüber dem Gläubiger dadurch verringern würde, möglicherweise sogar immer größer wird. Das hat aus privatrechtlicher Sicht zwei Gründe: Der Schuldner, der die gesamte Verbindlichkeit zu tilgen nicht im Stande ist und der nur Teilleistungen zu erbringen vermag, befindet sich in aller Regel in Verzug. Deshalb hat er den Verzögerungsschaden zu ersetzen, und dadurch steigen seine Verbindlichkeiten gegenüber dem Gläubiger an. Auf der anderen Seite bestimmt die allgemeine Tilgungsverrechnungsregel von § 367 BGB, daß Teilleistungen gerade solche Teile der Verbindlichkeit unberührt lassen, die ständig neue Schadensersatzansprüche des Gläubigers hervorbringen. Das ergibt sich aus folgendem: Der Verbaucher schuldet gem. § 607 BGB Rückzahlung des Kapitals und außerdem Entrichtung von Vertragszinsen; beide Teile der Schuld bezeichnet § 11 Abs. 1 VerbrKrG als den „geschuldeten Betrag". Nach der Grundregel von § 289 Satz 1 BGB dürfen von den Vertragszinsen, mit denen der Verbraucher in Verzug geraten war, nicht ihrerseits Verzugszinsen erhoben werden. Aber gem. § 289 Satz 2 BGB kann der Gläubiger Schadensersatz verlangen. Ist der Gläubiger eine Bank, kann er im Wege abstrakter Schadensberechnung gem. § 252 BGB Ersatz derjenigen entgangenen Zinsen verlangen, die er erzielt hätte, wenn er den vom Schuldner vorenthaltenen Betrag der Vertragszinsen hätte anlegen können. Der Gläubiger hätte also nach der allgemeinen Regelung aus § 289 Satz 2 BGB Anspruch auf den Wiederanlagezins, hinsichtlich des Kapitals ohnehin, hinsichtlich der Vertragszinsen trotz des in § 289 Satz 1 BGB bestimmten Zinseszinsverbots. Aber auch, wenn der Verbraucher mit der Erfüllung dieses Schadensersatzanspruchs wiederum in Verzug gerät, kann der Gläubiger wegen des vorenthaltenen Betrags des als Verzugsschaden geschuldeten Wiederanlagezinses erneut Ersatz seines Verzugsschadens verlangen. Die Verbindlichkeit des Verbrauchers wird immer größer.

Er hätte eine Chance, das Anwachsen seiner Verbindlichkeit einzudämmen, wenn er mit den ihm zur Verfügung stehenden liquiden Mitteln, nämlich seinen Teilleistungen, die Hauptforderung, mit der er in

---

2 BT-Drucks. 11/5462, S. 25.

Verzug ist, tilgen könnte, so daß hinsichtlich des getilgten Betrags kein neuer Verzögerungsschaden entstehen würde. Gem. §367 Abs. 1 BGB werden durch die Teilleistungen aber vorrangig Zinsen und Kosten getilgt und erst zuletzt die Hauptforderung, so daß immer zumindest ein Teil der Hauptforderung ungetilgt bleibt und neuen Verzögerungsschaden gebiert. Diese Bestimmung hat gerade ihren Sinn darin, dem Gläubiger einen Ausgleich dafür zu geben, daß sich seine rückständigen Zinsen gem. §289 Satz 1 BGB ihrerseits nicht verzinsen[3]. Trotz Teilleistungen bleibt die Hauptforderung – in jedem Falle teilweise – also übrig und bringt neue Verbindlichkeiten hervor. Der Schuldner gerät in den modernen Schuldturm.

II. Abhilfe durch das VerbrKrG

Aus dem Schuldturm soll den Schuldner das Reglement von §11 VerbrKrG befreien helfen. Die Befreiungsinstrumente sind Verzugsschadensbegrenzung und neue Tilgungsreihenfolge. Die Verzugsschadensbegrenzung setzt bei Kapital und Vertragszinsen einerseits und bei den Verzugszinsen andererseits an. Gem. §11 Abs. 1 VerbrKrG wird die abstrakte Schadensberechnung nicht am tatsächlich erzielbaren Wiederanlagezins ausgerichtet, sondern an den Refinanzierungskosten, und auf eine Marge von 5 % über dem jeweiligen Bundesbankdiskontsatz (d + 5)[4] festgelegt, allerdings mit der Möglichkeit des Gegenbeweises durch konkrete Schadensberechnung nicht nur für den Gläubiger, sondern auch für den Schuldner (der diese Möglichkeit in anderen Fällen der abstrakten Schadensberechnung nicht hat). Die Schadensberechnung aus §11 Abs. 1 VerbrKrG bezieht sich auf den geschuldeten Betrag, also auch auf die darin enthaltenen Vertragszinsen, die damit entgegen der allgemeinen (d.h. im übrigen nicht schuldnerfreundlichen) Regel aus §289 Satz 1 BGB ihrerseits ohne weiteren Schadensnachweis verzinslich sind[5].

3 *Braun*, DGVZ 1990, 129 zu I. 2.

4 Ob der Diskontsatz, der den Preis für Wechseldiskontkredite reguliert (§19 Abs. 1 Nr. 1, Abs. 2 BBankG), für Verbraucherkredite, die typischerweise mittelfristig sind, ein tauglicher Maßstab ist, erscheint allerdings fraglich, *Emmerich*, FLF 1989, 206 (207).

5 *Reifner*, NJW 1992, 337; *Bülow*, Komm. z. VerbrKrG, Köln 1991, §11 Rdn. 42.

Auf der anderen Seite begrenzt das Gesetz denjenigen Verzugsschaden, der auf den Verzug des Schuldners mit dem Ersatz des inzwischen entstandenen Verzugsschadens entfällt, also mit den vom Schuldner nicht geleisteten 5 % Zinsen über dem jeweiligen Bundesbankdiskontsatz auf Kapital und Vertragszinsen. Dieser weitere Verzugsschaden[6] – der Verzug mit dem Ersatz des Verzugschadens – würde sich nach der allgemeinen Regel von § 289 Satz 2 BGB ja wiederum mit dem Wiederanlagezins decken. Der Gläubiger kann hierfür gem. § 11 Abs. 2 Satz 2 VerbrKrG aber nicht den Wiederanlagezins und auch nicht d + 5, sondern nur den gesetzlichen Zins, also in der Regel 4 %[7], verlangen (§ 246 BGB).

Mit dieser Begrenzung des Verzugsschadens geht das Gesetz durch 11 Abs. 3 die Tilgungsverrechnung an. Teilleistungen des Schuldners, die der Gläubiger entgegen § 266 BGB nicht zurückweisen darf, werden zunächst auf Rechtsverfolgungskosten, sodann entgegen § 367 Abs. 1 BGB auf Kapital und Vertragszinsen und erst zuletzt auf den Verzugsschaden angerechnet. Indem der Schuldner vorrangig den geschuldeten Betrag tilgt, vereitelt er die Entstehung neuerlichen Verzugsschadens im Hinblick auf den getilgten Betrag und damit die ständige Vergrößerung seiner Verbindlichkeit gegenüber dem Gläubiger. Das hätte allerdings nicht funktioniert, wenn der Gläubiger auch für den vorenthaltenen Ersatz des Verzugsschadens den Wiederanlagezins oder doch d + 5 verlangen könnte. Aber er kann im allgemeinen gem. § 11 Abs. 2 Satz 2 VerbrKrG nur 4 % verlangen. Notwendigerweise mußte aber auch der Gläubiger einen Ausgleich insoweit erhalten, als kurze Verjährungsfristen für Zinsansprüche, die aufgrund der neuen Tilgungsregelung ja auf unbestimmte Zeit stehen bleiben, aufgehoben wurden.

Schließlich wurde durch § 12 VerbrKrG die Gesamtfälligkeitsstellung durch den Gläubiger teilweise an höhere Hürden im Vergleich zur Vorgängerregelung in § 4 Abs. 2 AbzG geknüpft (Fristsetzung und Leistungsablehnungsandrohung, Gesprächsangebot).

---

6 Er entspricht den nach Eintritt des Verzugs anfallenden Zinsen i.S.v. § 11 Abs. 2 VerbrKrG; *Münzberg*, WM 1991, 170.

7 In Existenzgründungsfällen gem. § 1 Abs. 1 VerbrKrG („bereits ausgeübte gewerbliche Tätigkeit", *Lwowski*, Die Regelung von Existenzgründungsdarlehen im Verbraucherkreditgesetz, in: Hadding/Hopt (Hrsg.), Das neue Verbraucherkreditgesetz: Erste Erfahrungen und Probleme, Schriftenreihe der Bankrechtlichen Vereinigung, Band 2, Frankfurt 1991, S. 49), kommt die Anwendung von § 352 HGB – 5 % – in Betracht.

III. Offene Fragen

1. Zinstitulierung

Im materiellen Recht ist dem Schuldner mit §§11, 12 VerbrKrG Entlastung verschafft. In der Zwangsvollstreckung steht die Tilgungsanrechnung vor Anwendungsproblemen, die durch die Ausnahmevorschrift von §11 Abs. 3 Satz 4 VerbrKrG, nach der es für isolierte Zinstitel bei §367 Abs. 1 BGB bleibt, gerade nicht gelöst werden. Danach soll vermieden werden, daß titulierte Zinsbeträge nach der materiellrechtlichen Tilgungsregelung auf noch offenes, überhaupt nicht tituliertes Kapital verrechnet werden müßten. Die Dissonanz zwischen Vollstreckungsrecht und materiellem Recht stellt sich aber gleichermaßen, wenn sich der Titel nicht isoliert auf Zinsen bezieht, sondern ein gemischter Titel ist, der sowohl Hauptforderung wie Zinsen – z.B. eine rückständige Rate – erfaßt; darauf ist §11 Abs. 3 Satz 4 VerbrKrG überhaupt nicht anwendbar, die Problematik von den Gesetzesverfassern offenbar übersehen worden. Die Lösung kann trotz nicht zu übersehender dogmatischer Brüche[8] dadurch erreicht werden[9], daß Verzugszinsen im Verbraucherkreditrecht von vornherein erst dann tituliert werden dürfen, wenn der gesamte geschuldete Betrag getilgt ist, also über den Wortlaut von §11 Abs. 3 Satz 4 VerbrKrG hinaus ein Titulierungsverbot für Verzugszinsen besteht.

2. Sittenwidriger Darlehensvertrag

Ungelöst durch §11 VerbrKrG ist auch die Frage, wie sich der Verzugsschaden im Falle eines sittenwidrigen Konsumentenkredits berechnet. §11 erfaßt nur wirksame Verbraucherkreditverträge, nicht aber nichtige, weil gegen die guten Sitten i. Satz v. §138 Abs. 1 BGB verstoßende Konsumentenkreditverträge. Kommt der Schuldner mit der Rückzahlung des ohne Rechtsgrund erhaltenen. Kapitals[10], in Verzug, würde sich

8 *Braun,* WM 1991, 1325 (1327); Bülow, WM 1992, 1009 (1013) m. w. N.

9 *Münzberg,* WM 1991, 170 (174 f.); *von Westphalen/Emmerich/Keßler,* Komm. z. VerbrKrG, Köln 1991, §11 Rdn. 59; *Bülow,* WM 1992, 1009 (1014) m.w.N.; a. A. *Braun,* WM 1991, 165 (168 f.) und 1325 (1329 f.).

10 Darauf ist §817 Satz 2 BGB nicht anwendbar, RGZ 161, 52 (57); BGHZ 99, 333 (339).

der Verzugsschaden im allgemeinen gem. §§819 Abs. 1, 818 Abs. 4 BGB wiederum nach §§288, 289 BGB berechnen[11]. §11 VerbrKrG kann nicht einfach – wie im Fall des Einwendungsdurchgriffs bei nichtigen finanzierten Abzahlungskäufen[12] (jetzt §9 Abs. 3 VerbrKrG) – als schuldnerbegünstigende Regelung im Falle der Nichtigkeit des Darlehensvertrages erst recht angewandt werden. Der Anspruch des Gläubigers auf den Wiederanlagezins als Verzugsschaden sowohl gem. §288 Abs. 2 wie 289 Satz 2 BGB stellt nämlich erhöhte Anforderungen an die Darlegungs- und Beweislast[13]; kommt der Gläubiger ihr nicht nach, hat es mit 4% Zinsen gem. §288 Abs. 1 Satz 1 BGB bzw. dem Ausschluß eines Schadensersatzanspruchs gem. §289 Satz 1 BGB sein Bewenden[14], der Schuldner steht in diesem Fall besser da, als wenn er gem. §11 Abs. 1 VerbrKrG d + 5 leisten müßte. Dennoch ist der Wille der Gesetzesverfasser unübersehbar, die rechtliche Situation von Schuldnern notleidender Kredite ohne Differenzierung in wirksame und nichtige Darlehensverträge nach typischen Fallgestaltungen zu verbessern[15], so daß von einer Gesetzeslücke auszugehen ist, die aufgrund der gleichen Interessenlage wie beim Kondiktionsverzug[16] durch analoge Anwendung von §11 Abs. 1 VerbrKrG zu schließen ist.

3. Altverträge

Die Frage der Anwendung von §11 Abs. 1 VerbrKrG auf Problemlagen, die an sich nicht von der Vorschrift erfaßt sind, stellt sich auch im Hinblick auf den Zeitfaktor. Das Gesetz trat gem. Art. 10 Abs. 1 des Gesetzes über Verbraucherkredite, zur Änderung der Zivilprozeßordnung und anderer Gesetze vom 17.12.1990[17] ohne Rückwirkung (Art. 9 des genannten Gesetzes) am 1.1.1991 in Kraft. Es gilt mithin nicht für Altverträge, die vorher – mit Wirksamkeit oder nicht – abgeschlossen wur-

---

11 RG JW 1925, 465 zu l.; 1927, 980 zu l.; BGH NJW-RR 1989, 622 zu II. 2.; *Staudinger/Lorenz*, 12. Aufl., Berlin 1986, §818 BGB Rdn. 51.
12 BGH NJW 1980, 2301 zu III. 2.
13 BGHZ 104, 337 (347f.).
14 BGH NJW-RR 1991, 1406.
15 BT-Drucks. 11/5462, S. 14 c.
16 *Bülow*, Sittenwidriger Konsumentenkredit, 2. Aufl. 1992, Rdn. 464.
17 BGBl. I, S. 2840.

den. Die mit 5 % über dem jeweiligen Bundesbankdiskontsatz festgemachte abstrakte Schadensberechnung wendet der Bundesgerichtshof[18] gleichwohl auch dann auf Altverträge an, wenn der Gläubiger seinen Obliegenheiten an Darlegung und Beweis für die abstrakte Schadensberechnung gem. §§288 Abs. 2, 289 Satz 2 BGB nicht nachkommt, in Fällen also, in denen sich die neue Rechtslage zu Lasten des Verbrauchers wendet. Dies geschieht mit Hinweis auf §287 ZPO, ohne daß die danach angeordnete freie Schadensschätzung durch das Gericht auch hinsichtlich der übrigen schulturmspezifischen neuen Regelungen eine Anwendungsgrundlage für Altverträge sein könnte. Der Schuldner wird also nach Lage des Einzelfalls mit §11 Abs. 1 VerbrKrG belastet, ohne auch die Wohltaten von §11 Abs. 2 und §11 Abs. 3 VerbrKrG genießen können. Das ist ein unhaltbarer Wertungswiderspruch; richtigerweise ist §11 VerbrKrG auf Altverträge nicht anzuwenden.

---

18 NJW 1992, 109 zu II. 4 mit krit. Kommentar *Bülow,* EWiR 1/91, 1237 zu §11 VerbrKrG, Bspr. *Emmerich,* JuS 1992, 256 und Anm. *Bruchner,* WuB I E 2 b – 1.92; auch LG Berlin mit Anm. *Huhs,* VuR 1990, 67; nicht bei Realkrediten, BGH WM 1992, 566; *Bruchner,* WM 1992, 973; noch weiter gehend OZG Schleswig WM 1993, 15 (17).

Einleitende Bemerkungen zur Diskussion (2)

Hilmar Raeschke-Kessler, LL.M.
Rechtsanwalt beim Bundesgerichtshof, Karlsruhe

Der moderne Schuldturm hat viele Aspekte. Ich will einen praktischen herausgreifen, und das ist die Mithaftung des vermögenslosen Ehegatten/Lebensgefährten oder der vermögenslosen Kinder. Die Mithaftung entsteht entweder durch die Mitunterzeichnung auf dem Kreditantrag neben dem Hauptkreditnehmer, dann haben wir die gesamtschuldnerische Haftung[1] oder durch die Abgabe einer selbständigen Bürgschaftserklärung[2], dann haben wir die akzessorische Haftung als Bürge.

Die rechtliche Bewertung setzt die Kenntnis der wirtschaftlichen Interessen voraus, die die Bank mit der Hereinnahme der Sicherheiten verfolgt. Dabei ist der maßgebliche Zeitpunkt die Kreditvergabe an den Hauptkreditnehmer[3]. Aus der Sicht der Bank ist der vermögens- und einkommenslose Ehegatte oder Sohn nicht kreditfähig. Er erhielte niemals – vernünftiges Verhalten des Kreditinstituts vorausgesetzt – unabhängig vom Hauptkreditnehmer einen eigenen Kredit[4]. Deshalb erwartet die Bank auch im Zeitpunkt des Vertragsschlusses die Tilgung des

---

1 Vgl. BGH, Urt. v. 16.3.1989 – III ZR 37/88, WM 1989, 595

2 Vgl. BGH, Urt. v. 19.1.1989 – IX ZR 128/88, WM 1989, 245; v. 28.2.1989 – IX ZR 130/88, WM 1989, 480; v. 16.5.1991 – IX ZR 245/90, WM 1991, 451; v. 16.5.1991 – IX ZR 245/90, WM 1991, 1154.

3 Vgl. BGH, Urt.v. 24.11.1992 – XI ZR 98/92, ZIP 1993, 26 (27).

4 Seit jeher verfahren die Kreditinstitute bei der Prüfung der Kreditwürdigkeit ihrer Kunden mit banküblicher Sorgfalt, vergleiche nur: *Obst,* Geld-, Bank- und Börsenwesen, 32. Aufl., Stuttgart 1948, S.163. § 18 KWG, der eine förmliche Offenlegung der wirtschaftlichen Verhältnisse für Kredite über DM 100.000, – verlangt, ist kein Freibrief, darunter bleibende Kredite ohne jede Kreditwürdigkeitsprüfung einzuräumen. Die Bank hat im eigenen Interesse bei der Prüfung die persönlichen und wirtschaftlichen Verhältnisse des Darlehensnehmers aufzuklären; vgl. *Scholz/Lwowski,* Das Recht der Kreditsicherung, 6. Aufl., Berlin 1986, Rdn. 1; Brandner, ZHR 153 (1989) 147 (151).

Kredits nicht vom Mitunterzeichner, sondern von ihrem – eigentlichen – Kreditnehmer. Vom vermögenslosen Bürgen nimmt die Bank eine Bürgschaft herein, von der sie weiß, daß sie im Zeitpunkt der Bürgschaftserteilung wertlos ist und voraussichtlich – wenn sich die Verhältnisse nicht unerwartet ändern – wertlos bleiben wird.

Dann aber muß man nach dem legitimen wirtschaftlichen Zweck fragen, den die Bank mit der Hereinnahme derartiger Kreditsicherheiten verfolgt. Der Zweck liegt auf der Hand, es ist das vorrangige Ziel von Mithaftung und Bürgschaftsübernahme, Vermögensverschiebungen vom Hauptkreditnehmer auf bis dahin vermögenslose nahe Angehörige vorzubeugen und zu verhindern. Beim Hauptkreditnehmer sollen die wirtschaftlichen Voraussetzungen für die Kreditgewährung gesichert werden und erhalten bleiben. Daneben soll aber auch zukünftiges Einkommen oder Vermögen der Sicherungsgeber erfaßt werden[5]. Diesen Zweck haben die Sicherungsgeber regelmäßig gebilligt. Er ist ihnen häufig auch erläutert worden. Dagegen haben sie im Regelfall nicht damit gerechnet, im – unveränderten – Zustand der Vermögenslosigkeit aus den von ihnen abgegebenen Erklärungen von der Bank in Anspruch genommen zu werden. Das führt zu einem ersten Ergebnis: das übereinstimmend von der Bank und den vermögenslosen Sicherungsgebern wirtschaftlich Gewollte ist ein erhebliches Minus gegenüber dem rechtlichen Inhalt der abgegebenen Erklärung Schuldbeitritt oder Bürgschaft.

Gestatten Sie Anleihen der Terminologie des Umweltrechts. Im „Normalbetrieb" bleibt die Diskrepanz folgenlos. Der Hauptschuldner zahlt das Darlehen zurück. Mitunterzeichner oder Bürge werden frei. Kritisch wird es aber im „Störfall": Der Hauptkreditnehmer ist arbeitslos geworden und kann nicht mehr zahlen; das Familienunternehmen, für das Ehefrau oder Kinder gebürgt hatten, ist im Konkurs.

Einfach liegen die Dinge, wenn sich in der Zwischenzeit das verwirklicht hat, was die Bank mit der Hereinnahme der Sicherheiten verhindern wollte: Das Vermögen des Unternehmers ist auf wundersame Weise bei seiner Ehefrau oder seinen Kindern gelandet. Hier besteht Deckungsgleichheit zwischen dem wirtschaftlichen Zweck bei Übernahme der Bürgschaft und dem rechtlichen Können der Bank. Die Bank darf die inzwischen vermögend gewordenen Angehörigen in Anspruch neh-

5 Hinter der Hereinnahme „wertloser" Sicherheiten steht demnach ein vernünftiges wirtschaftliches Verhalten der Bank. Der Verfasser hat es auf dem Bankrechtstag vom 25.6.1992 nicht als "oft unverständlich" bezeichnet, wie *Hammen/Leinweber*, WM 1992, 1725 (1729) fälschlich meinen.

men. Zu schützen ist in diesem Fall die Privatautonomie für die Bank. Es ist nicht interessengerecht, die Übernahme der Mithaftung bereits deswegen als sittenwidrig nach § 138 Abs. 1 BGB zu bewerten, weil das Anfechtungsgesetz oder § 826 BGB vor der dolosen Vermögensverschiebung schützt. Die Anfechtungsfristen nach dem Anfechtungsgesetz können längst vorbei sein und die Voraussetzungen für einen Schadensersatz nach § 826 BGB sind für die Bank nur schwer zu beweisen. Hier hat nach meiner Auffassung der XI. Zivilsenat des BGH in seinem Urteil vom 22.1.1991[6] zu scharfe Grenzen gezogen[7]. Beansprucht werden kann auch inzwischen gebildetes Vermögen, mit dem realistisch zu rechnen war. Die vermögend gewordene Ehefrau ist nicht schützenswert. An der Wirksamkeit ihrer Verpflichtung ist nicht zu zweifeln. Das gleiche gilt für die inzwischen zu eigenem Einkommen oder Vermögen gekommenen Kinder[8].

Wie aber, wenn mithaftende Ehefrau oder Kinder noch wie vor vermögenslos sind, das Unternehmen aufgrund der allgemeinen geschäftlichen Entwicklung in Konkurs gegangen ist? Hier hat die Mitübernahme der Haftung nach dem wirtschaftlichen Interesse der Bank, wie es ursprünglich bestanden hat, ihren Zweck erfüllt. Das haftende Vermögen war im Unternehmen geblieben und ist dort verloren gegangen. Von der Ehefrau des Unternehmers war bei der Kreditvergabe dessen Rückzahlung nicht erwartet worden. Soll sie jetzt für etwas haften, was sie nie bezahlen kann? Der III. und der IX. Zivilsenat des Bundesgerichtshofs lassen Ehefrau/Lebensgefährte oder Kinder uneingeschränkt haften und berufen sich auf den Grundsatz der Privatautonomie[9]. Aber wird diese Rechtsprechung vor den Augen des Bundesverfassungsgerichts Bestand haben? Ich habe Zweifel. Gegen mehrere Urteile des Bundesgerichtshofs zum Thema Schuldturm sind Verfassungsbeschwerden eingelegt wor-

---

6 BGH, Urt.v. 22.1.1991 – XI ZR 111/90, WM 1991, 313 (315).

7 Die Rechtsprechung hierzu ist noch im Fluß, wie das inzwischen ergangene Urt. des XI. Senats v. 24.11.1992, ZIP 1993, 28 zeigt.

8 Ich stimme *Medicus,* in seinem Schlußwort zur Diskussion, vgl. Tagungsbericht in diesem Band S. 153f, zu. Es ist interessengerecht und zumutbar, auch die realistische Chance zukünftigen eigenen Einkommens oder Vermögens als voll wirksames Sicherungsmittel einzusetzen; vgl. auch BGH ZIP 1993, 27.

9 BGH WM 1989, 595; WM 1989, 245; WM 1989, 480; WM 1991, 1154; Urt. v. 16.1.1992 – IX ZR 113/91, WM 1992, 391. Der XI. Zivilsenat sieht die Dinge differenzierter; vgl. Urt. v. 22.1.1991, WM 1991, 313 und Urt. v. 24. 11. 1992, ZIP 1992, 27.

den, die das große Zustellungsverfahren bereits durchlaufen haben und zu denen die Stellungnahmen eingegangen sind[10]. Es ist nicht mehr nur eine ferne theoretische Möglichkeit, daß das Bundesverfassungsgericht die Urteile aufhebt. Fingerzeig ist seine Entscheidung vom 7.2.1990 zu §90a HGB[11]. Wo es an einem annähernden Kräftegleichgewicht der Beteiligten fehlt, ist mit den Mitteln des Vertragsrechts allein kein sachgerechter Ausgleich zu erzielen. Vielmehr greifen dann ergänzend solche zivilrechtlichen Generalklausen ein, die als Übermaßverbote wirken, vor allem die §§138, 242, 315 BGB[12].

Wie könnte eine maßvolle Korrektur praktisch aussehen? sie sollte sich am ursprünglichen Sicherungzzweck bei der Kreditvergabe orientieren. Der überschießende Teil ist zurückzuschneiden. Mir wäre eine Korrektur über §242 BGB lieber als das scharfe Schwert des §138 BGB[13]. Stimmt die Inanspruchnahme nicht mit dem ursprünglichen Sicherungszweck überein, handelt es sich um eine unangemessene Übersicherung, aus der die Bank keine Rechte herleiten darf[14].

Will die Bank den Sicherungsgeber in Anspruch nehmen, weil er von Anfang an voll haften sollte, müßte sie das dokumentiert haben. Das könnte etwa durch eine Zweckerklärung geschehen, aus der sich unzweideutig entnehmen läßt, daß in vollem Umfang gehaftet werden soll, verbunden mit einer Selbstauskunft, aus der sich die gegenwärtige oder die erwartete künftige Leistungsfähigkeit des Sicherungsgebers ergibt. Über die Selbstauskunft hinaus ist die Bank zu eigenen Nachforschungen über die wirtschaftliche Leistungsfähigkeit des Sicherungsgebers

---

10 Z.B. 1 BVR 583/89 zu BGH WM 1989, 595 und 1 BVR 1402/89 zu BGH WM 1989, 480.

11 BVerfGE 81, 242ff.

12 BVerfGE 81, 255f.

13 *Medicus* befürwortet ein Zurückschneiden über §157 BGB aus dem Grundsatz der falsa demonstratio non nocet, so in seinem Schlußwort zur Diskussion, vgl. Tagungsbericht in diesem Band S.149 (153). Darüber läßt sich reden. Die Parteien haben aber unter bestimmten Voraussetzungen ein voll wirksames Sicherungsmittel gewollt. Für diesen Fall liegt eine falsa demonstratio nicht vor. Der XI. Zivilsenat des BGB hält die Anwendung von §138 Abs.1 BGB für möglich, WM 1991, 314; ZIP 1993, 27.

14 Die Rechtsprechung ist gewohnt, Übersicherungen von Banken, die den Kunden oder Sicherungsgeber unangemessen benachteiligen, nach dem Gesichtspunkt von Treu und Glauben zurückzuschneiden, vgl. BGHZ 94, 105 (112); 98, 303 (316f.); 108, 98 (104f.) ; 109, 240 (246).

nicht verpflichtet[15]. Eine derartige Dokumentationspflicht wäre keine unzumutbare neue Belastung für den Kreditgeber. Eine ordnungsgemäße interne Dokumentation im Rahmen der Kreditwürdigkeitsprüfung ist ja seit jeher Teil eines ordentlichen Bankbetriebs[16].

---

15 Vgl. BGH WM 1989, 482.

16 So auch *Messer,* Einleitende Bemerkungen zur Diskussion, in diesem Band S.73 (85).

Tagungsbericht

Einführung[1]

Mit dem zweiten Bankrechtstag („Bankrechtstag 1992") der Bankrechtlichen Vereinigung e.V., der am 26. Juni 1992 in der Stadthalle von Bonn-Bad Godesberg veranstaltet wurde, ist eine Fachtagung von Bankjuristen zur festen Institution geworden, die aus dem bankrechtlichen Leben nicht mehr wegzudenken ist. Der Bankrechtstag 1992 war den Themen „Aufklärungs-, Warn- und Beratungspflichten der Kreditinstitute" und „Der moderne Schuldturm?" gewidmet. Wie schon in den Jahren zuvor, füllten wieder weit über 200 Teilnehmer den Tagungssaal – unter ihnen eine Reihe der führenden Bankjuristen aus Deutschland, aber auch aus Österreich und der Schweiz.

Nachdem Univ.-Prof. *Dr. W. Hadding* die Anwesenden begrüßt hatte, würdigte der Präsident des Deutschen Sparkassen- und Giroverbandes, *Dr. h.c. H. Geiger*, in einem Grußwort den Bankrechtstag als ein Forum für die Erörterung aktueller Fragen, wie etwa der Schuldturmproblematik. In diesem Zusammenhang warnte er davor, die Eigenverantwortlichkeit des Kreditnehmers beiseite zu schieben; die Beziehung des Kreditinstituts zu seinem Kunden sei kein Verhältnis eines Vormunds zu seinem Mündel. Den Gesetzgeber mahnte er, durch die Begründung von Aufklärungspflichten in verbraucherschützenden Gesetzen keine „Papierflut" auszulösen. Er meinte, es sei zweckmäßiger, den Verbraucher in Schule und Ausbildung auf einen sinnvollen Umgang mit Geld vorzubereiten.

Der Vorsitzende Richter am BGH *K-D. Bundschuh* erinnerte in seinem Grußwort daran, daß das Bankrecht zu einem Zentralgebiet der Rechtsprechung des BGH geworden sei; dieses werde auch aus der Tatsache deutlich, daß sechs von sieben Richtern des für das Bankrecht zuständigen Senats des BGH auf dem Bankrechtstag anwesend seien. *Bundschuh* betonte die gestiegene Bedeutung der den Kreditinstituten obliegenden Aufklärungs- und Beratungspflichten im Hinblick auf die Vielzahl neu angebotener Finanzdienstleistungsprodukte.

1 Auszug aus *Hammen/Leinweber,* WM 1992, 1725 (1725).

Der Parlamentarische Staatssekretär beim Bundesminister der Justiz *R. Funke* hob in seinem Grußwort hervor, das besondere Fachwissen der Kreditinstitute bedeute Macht; es müsse dem Kunden in fairer Weise und unter Beachtung der Interessen anderer Kunden und unter Wahrung des Bankgeheimnisses vermittelt werden. Er begrüßte die von den Geschäftsbanken in Angriff genommene Überarbeitung ihrer Allgemeinen Geschäftsbedingungen, die zu einer besseren Verständlichkeit für den Kunden führen soll. Funke zeigte sich besorgt über die in der Rechtsprechung bestehenden Unsicherheiten in der Beurteilung der Haftung von Verwandten aus Bürgschaft oder Schuldbeitritt. Er empfahl zu prüfen, ob auf solche „unsicheren" Sicherheiten nicht verzichtet werden könne. Im Hinblick auf die Schuldturmproblematik stellte *Funke* für das Frühjahr 1993 die geplante Insolvenzrechtsreform in Aussicht. Durch Einführung einer Restschuldbefreiung solle überschuldeten natürlichen Personen die Chance für einen Neuanfang gegeben werden. Mit dieser Maßnahme sollten ferner durch Schuldenkrisen hervorgerufene gesellschaftliche Mißstände (Schwarzarbeit, Schattenwirtschaft, resignative Arbeitslosigkeit) eingedämmt werden.

Diskussionsverlauf[2]

I. Abteilung: Aufklärungs- Warn- und Beratungspflichten der Banken

Prof. *Dr. Johannes Köndgen* (St. Gallen) hielt d(ies)er Schlußthese *Messers*[3] entgegen, die arbeitsteilige Leistungserbringung sei gerade der gesetzgeberische Anlaß für die §§278, 166 BGB gewesen; daraus dürfe

2 Auszüge aus *Hunecke/Scharrenberg*, ZBB 3/92, 231 (233f.).

3 Daß die arbeitsteilige Leistungserbringung als solche im heutigen Zeitalter nicht zu einer nahezu schrankenlosen Wissenszurechnung mit der Folge einer Ausdehnung der Aufklärungspflichten bei verzweigten Unternehmen führen dürfe. Es sei allenfalls im Einzelfall eine Lösung über §242 BGB zu suchen, indem etwa eine Pflicht zur zentralen Erfassung abgelehnter Kreditantragsteller konstituiert werde, *Messer*, Einleitende Bemerkungen zur Diskussion (2), in diesem Band, S.73 (85), Anm. d. Hrsg.

man als allgemeinen Grundsatz schließen, daß die Verbreiterung des Aktionspotentials durch Arbeitsteilung gerade keinen Exkulpationseffekt für „Korporativ" strukturierte Schuldner äußern solle. Wer die Vorteile einer arbeitsteiligen Leistungserbringung genieße, könne sich den Nachteilen des entsprechend höheren organisatorischen Aufwands für den innerbetrieblichen Informationsaustausch nicht ohne weiteres entziehen.

Chefsyndikus Rechtsanwalt *Jürgen Schroeter* (Frankfurt), der die Neufassung der AGB-Banken maßgeblich mitgestaltet hat, entgegnete ebenfalls auf *Messer*: Die Wissenszurechnung innerhalb der Bank sei außerordentlich problematisch. Für zentral speicherbar und zugänglich halte er ausschließlich die Tatsache einer Kundenbeziehung bei einzelnen Filialen selbst. Davon abgesehen dürfe weder ein Depot noch das laufende Konto für Mitarbeiter anderer Filialen derselben Bank zugänglich sein. Die Speicherung einer Kreditablehnung, die dann ja durch eine Kundenbeziehung gerade nicht gedeckt ist, verstoße fundamental gegen Grundsätze des Datenschutzes. Die Grenze eines möglichen, verwertbaren und deshalb auch nur zurechenbaren Insiderwissens werde durch „chinese walls" gezogen.

Diese Einwände ergänzte im weiteren Verlauf der Diskussion Chefsyndikus Rechtsanwalt *Wilhelm Schlaus* (Frankfurt): Es sei schlicht unvorstellbar, daß es angesichts der Zahl der Filialen einer Großbank rechtlich zulässig sein könne, auch nur zwei Mitarbeiter über die Kundeninterna aller anderen Filialen zu informieren.

Die Diskussion wendete sich dann den instanzgerichtlichen Entscheidungen betreffend die Vermittlung der später notleidend gewordenen Anleihen der australischen Bond-Gruppe zu. Auch hier seien Einzelheiten, wie die Pflicht zurauswertung der Financial Times und zur Mitteilung eines verschwenderischen privaten Lebensstils des Eigentümers der Firmengruppe an den Umständen des Einzelfalles zu messen. Beispielsweise dürfe eine Pflicht zur Auswertung auch relativ peripherer Presseorgane beim aktiven Vertrieb einer ebenso entlegenen Anlageform eher postuliert werden als beim Erwerb aufgrund eigener Initiative des Kunden.

II. Abteilung: Der moderne Schuldturm?

Für die Wortbeiträge der Zuhörer, die insgesamt ein reges Interesse an der Schuldturmproblematik widerspiegelten, verblieb bedauerlicherweise nur wenig Zeit.

Mehrere Teilnehmer wandten sich gegen die von *Medicus*[4] für den Regelfall befürwortete Behandlung der Schuldturmproblematik ausschließlich im Vollstreckungsrecht. Sie forderten mit unterschiedlichen Begründungen materiellrechtliche Lösungen. Ein Teilnehmer stellte in diesem Zusammenhang ein aus dem wirtschaftlichen Selbstbestimmungsrecht als Teil des Allgemeinen Persönlichkeitsrechs fließendes Recht auf einen Neuanfang zur Diskussion, welches dem Schuldner einen Anspruch auf Schuldbefreiung nach einergewissen Zeit eröffnen solle. Ein weiterer Teilnehmer warf die Frage auf, ob nicht der Verbraucher als Problem aller gesehen und die Überschuldungsproblematik über eine Versicherung gelöst werden könne. Ein dritter Teilnehmer führte aus, häufig werde das Schuldturmproblem erst durch Umschuldungskredite begründet, zumindest aber verschärft. Dieser Kreditform sei daher mehr Aufmerksamkeit zu widmen. Auch soll – abweichend vom Grundsatz – die Bank das Verwendungsrisiko bei diesen Krediten tragen. Vorbild insoweit könnten die Regelungen des Verbraucherkreditgesetzes zu den vermittelten Krediten sein.

Einen zweiten Schwerpunkt bildeten Wortbeiträge zum Regierungsentwurf der Insolvenzordnung[5]. Zu der Restschuldbefreiungsregelung wurde von zwei Teilnehmern die siebenjährige Wohlverhaltensperiode kritisiert. Dabei äußerte ein Teilnehmer im Hinblick auf Unternehmerinsolvenzen das Bedenken, daß bis zum Ablauf der Frist jede unternehmerische Initiative erlöschen sein könnte. Aus Kreisen der Verbraucherzentralen wurde die Befürchtung geäußert, daß viele Schuldner die Siebenjahresfrist nicht durchhalten würden. Gefordert wurde eine kürzere und flexiblere Wohlverhaltensfrist von drei bis maximal fünf Jahren. Ein weiterer Teilnehmer wandte sich dagegen, daß nach dem Regierungsentwurf die Restschuldbefreiung bereits auf Antrag eines Gläubigers zu versagen sei, wenn ein Versagungsgrund vorliege. Er sah hier die Gefahr, daß ein einzelner Gläubiger die Restschuldbefreiung verhindern könne, auch wenn sie von allen übrigen Gläubigern gewollt sei. Er war der Ansicht, daß nur die Mehrheit entscheiden solle und schlug vor, von der zwingenden Versagungsregel in §239 Abs. 1 EInsO („ist") zu einer flexibleren Versagungsregel („kann") zu wechseln. Ein Teilnehmer setzte

4 *Medicus,* Der moderne Schuldturm? Rechtsdogmatische Überlegungen zur Privatautonomie im Recht der Bankgeschäfte, in diesem Band S.87ff.

5 Vorgestellt im Vortrag von *Landfermann,* Der moderne Schuldturm und das Insolvenzrecht, in diesem Band S.111ff.

sich dafür ein, daß die Befreiung von der Restschuld nicht nur, wie in §250 Abs. 2 EInsO vorgesehen, für den Schuldner, sondern auch für dessen Mitschuldner, Bürgen oder andere Rückgriffsberechtigte gelten sollte. In einem weiteren Wortbeitrag wurde die Befürchtung geäußert, daß das Restschuldbefreiungsverfahren nach der Insolvenzordnung zu aufwendig und damit zu teuer sein könne. Der Teilnehmer berichtete, daß Restschuldlösungen in der Kreditwirtschaft bereits die gängige Praxis seien und regte an, noch zu untersuchen, welche kostengünstigeren Verfahren dort eingesetzt würden. Kritik geäußert wurde schließlich auch noch an dem nach dem Regierungsentwurf möglichen verwalterlosen Verfahren. Hier wurde die Gefahr einer Mehrbelastung und Überforderung der Insolvenzgerichte gesehen.

Im Schlußwort der beiden Hauptreferenten wandte sich *Landfermann* dagegen, die Verschuldung des einzelnen und damit den Schaden der Bank zu vergemeinschaften. Er verteidigte die Siebenjahresfrist für die Restschuldbefreiung mit dem Hinweis, daß nach dem Regierungsentwurf nicht nur der Schuldner entlastet werde, sondern auch der Gläubiger auf seine Kosten kommen solle. Letztendlich müsse jedoch das Parlament über die Länge der Frist entscheiden. Er erwarte insoweit noch eine ausführliche Debatte im Bundestag. Die Kritik an der Versagung der Restschuldbefreiung auch für den Fall, daß nur ein Gläubiger einen entsprechenden Antrag stelle und glaubhaft mache, wies Landfermann zurück mit der Begründung, der Sinn der Regelung liege gerade darin, solchen Schuldnern, die Pflichtverletzungen begangen hätten, die Wohltat der Restschuldbefreiung zu versagen.

Medicus teilte die Ansicht von Raeschke-Kessler, daß bei einer nur die Verhinderung von Vermögensverschiebungen bezweckenden Mithaft das Familienmitglied ohne eine solche Vermögensübertragung nicht in Anspruch genommen werden könne. Dies folge aber nicht aus §242 BGB, sondern im Wege der Auslegung nach §157 BGB aus dem Grundsatz falsa demonstratio non nocet. Zudem wies *Medicus* darauf hin, daß es sich bei dem Fall, so wie er gebildet worden sei, um eine Sonderkonstellation handele und daß es den Kreditinstituten regelmäßig nicht nur um die Verhinderung von Vermögensverschiebungen gehe, sondern auch um das zukünftige Einkommen aus einer späteren Mitarbeit oder um zukünftiges Vermögen z.B. aus einer Erbschaft. Zu den Umschuldungskrediten wies *Medicus* darauf hin, daß hierzu bereits eine spezielle Aufklärungspflicht von der Rechtsprechung entwickelt worden sei mit entsprechenden Schadensersatzfolgen bei Pflichtverletzungen. Nachdrücklich wies *Medicus* die Kritik an seiner vollstreckungsrechtlichen Lösung der Schuldturmproblematik zurück und führte in diesem Zusammenhang aus, vorweggenommener Konsum sei nicht verwerflich. In jungen Jahren wolle man konsumieren, habe aber kein Geld. In späteren Jahren habe man zwar Geld, aber keinen zu großen Konsumbedarf. Sei aber der vorweggenommene Konsum nicht verwerflich, dann könne auch der diesen Konsum finanzierende Kredit nicht verwerflich sein.

Inhaltsübersicht zum Entwurf einer Insolvenzordnung (InsO)*

Inhaltsübersicht

Erster Teil. Allgemeine Vorschriften

Zweiter Teil. Eröffnung des Insolvenzverfahrens. Erfaßtes Vermögen und Verfahrensbeteiligte

Erster Abschnitt. Eröffnungsvoraussetzungen und Eröffnungsverfahren

---

* Aus BT-Drucks. 12/2443 Anlage 1. Der Abdruck wurde aus Platzgründen auf die amtliche Inhaltsübersicht bschränkt.

Zweiter Abschnitt. Insolvenzmasse. Einteilung der Gläubiger

Dritter Abschnitt. Insolvenzverwalter. Organe der Gläubiger

Dritter Teil. Wirkungen der Eröffnung des Insolvenzverfahrens

Erster Abschnitt. Allgemeine Wirkungen

Zweiter Abschnitt. Erfüllung der Rechtsgeschäfte. Mitwirkung des Betriebsrats

Dritter Abschnitt. Insolvenzanfechtung

Dritter Abschnitt. Gegenstände mit Absonderungsrechten

Fünfter Teil. Befriedigung der Insolvenzgläubiger. Restschuldbefreiung

Erster Abschnitt. Feststellung der Forderungen

Zweiter Abschnitt. Verteilung

§ 215 Befriedigung der Insolvenzgläubiger
§ 216 Verteilungsverzeichnis
§ 217 Berücksichtigung bestrittener Forderungen
§ 218 Berücksichtigung absonderungsberechtigter Gläubiger
§ 219 Berücksichtigung aufschiebend bedingter Forderungen
§ 220 Nachträgliche Berücksichtigung
§ 221 Änderung des Verteilungsverzeichnisses
§ 222 Einwendungen gegen das Verteilungsverzeichnis
§ 223 Festsetzung des Bruchteils
§ 224 Schlußverteilung
§ 225 Schlußtermin
§ 226 Hinterlegung zurückbehaltener Beträge
§ 227 Überschuß bei der Schlußverteilung
§ 228 Aufhebung des Insolvenzverfahrens
§ 229 Rechte der Insolvenzgläubiger nach Verfahrensaufhebung
§ 230 Zuständigkeit bei der Vollstreckung
§ 231 Anordnung der Nachtragsverteilung
§ 232 Rechtsmittel
§ 233 Vollzug der Nachtragsverteilung
§ 234 Ausschluß von Massegläubigern

Dritter Abschnitt. Restschuldbefreiung

§ 235 Grundsatz
§ 236 AntragdesSchuldners
§ 237 Anhörung
§ 238 Entscheidung des Insolvenzgerichts
§ 239 Versagung der Restschuldbefreiung
§ 240 Ankündigung der Restschuldbefreiung
§ 241 Rechtsstellung des Treuhänders
§ 242 Vergütung des Treuhänders
§ 243 Gleichbehandlung der Gläubiger
§ 244 Obliegenheiten des Schuldners
§ 245 Verstoß gegen Obliegenheiten
§ 246 Deckung der Mindestvergütung des Treuhänders
§ 247 Vorzeitige Beendigung
§ 248 Erneute Anhörung
§ 249 Entscheidung über die Restschuldbefreiung

Sechster Teil. Insolvenzplan

Erster Abschnitt. Aufstellung des Plans

Zweiter Abschnitt. Annahme und Bestätigung des Plans

Dritter Abschnitt. Wirkungen des bestätigten Plans.
Überwachung der Planerfüllung

Siebter Teil. Einstellung des Insolvenzverfahrens

Achter Teil. Besondere Arten des Insolvenzverfahrens

Erster Abschnitt. Eigenverwaltung unter Aufsicht eines Sachwalters

Zweiter Abschnitt. Eigenverwaltung ohne Sachwalter bei Kleinverfahren

§ 347 Voraussetzungen
§ 348 Entscheidung der Gläubigerversammlung
§ 349 Abweichende Anordnung
§ 350 Unterrichtung der Gläubiger
§ 351 Verfügungsrecht des Schuldners
§ 352 Gegenseitige Verträge
§ 353 Insolvenzanfechtung
§ 354 Verzeichnisse. Vermögensübersicht
§ 355 Verwertung von Sicherungsgut
§ 356 Befriedigung der Insolvenzgläubiger
§ 357 Insolvenzplan

Dritter Abschnitt. Nachlaßinsolvenzverfahren

§ 358 Örtliche Zuständigkeit
§ 359 Zulässigkeit der Eröffnung
§ 360 Antragsberechtigte
§ 361 Antragsrecht beim Gesamtgut
§ 362 Antragsfrist
§ 363 Eröffnungsgründe
§ 364 Zwangsvollstreckung nach Erbfall
§ 365 Anfechtbare Rechtshandlungen des Erben
§ 366 Aufwendungen des Erben
§ 367 Masseverbindlichkeiten
§ 368 Nachlaßverbindlichkeiten
§ 369 Ansprüche der Erben
§ 370 Nachrangige Verbindlichkeiten
§ 371 Zurückgewährte Gegenstände
§ 372 Insolvenzplan
§ 373 Nacherbfolge
§ 374 Erbschaftskauf
§ 375 Weiterverkauf der Erbschaft
§ 376 Gleichzeitige Insolvenz des Erben
§ 377 Erbteil
§ 378 Fortgesetzte Gütergemeinschaft

Neunter Teil. Internationales Insolvenzrecht

Erster Abschnitt. Allgemeine Vorschriften

Zweiter Abschnitt. Ausländisches Insolvenzverfahren

Dritter Abschnitt.
Sonderinsolvenzverfahren über das Inlandsvermögen

Stichwortverzeichnis